글쓰기의 지도

Roadmap to Better Writing

글쓰기의 지도
Roadmap to Better Writing

ⓒ 한수영, 2010.

2010년 5월 25일 초판 1쇄 펴냄
2020년 5월 25일 초판 11쇄 펴냄

지은이 / 한수영
펴낸이 / 이동국

출판문화원장 / 백삼균
기획 / 김정규
편집 / (주)동국문화
표지 디자인 / 보빙사
일러스트 / 박혜원

펴낸곳 / (사)한국방송통신대학교출판문화원
　　　　등록　1982년 6월 7일 제1-491호
　　　　주소　서울특별시 종로구 이화장길 54 (우)03088
　　　　전화　(02)3668-4763
　　　　팩스　(02) 742-0956
　　　　홈페이지 http://press.knou.ac.kr

<지식의 날개>는 한국방송통신대학교출판문화원의
교양도서 브랜드입니다.

아로리총서: 소통과 글쓰기-8

글쓰기의 지도

Roadmap to Better Writing

한수영

지식의날개

남한강과 북한강이 만나는 경기도 양평의 두물머리에 가면, 강변에 작은 고인돌이 하나 있다. 바위 윗면에는 둥근 흔적들이 남아 있는데, 놀랍게도 그것은 큰 곰자리의 북두칠성을 새겨놓은 것일 가능성이 높다고 한다.

먼 옛날, 강가에 사는 어떤 이가 있어, 그는 항상 밤하늘을 올려다보았을 것이다. 지상에 불빛 하나 없던 시절, 광막하게 펼쳐진 우주에서 무수한 별들이 총총하게 빛나고 있었을 것이다. 그는 바위에 기대어 별을 세고 또 세며, 눈길을 사로잡는 유독 아름다운 별을 찾아낸다. 그의 상상 속에서 별과 별을 잇는 길이 생기고, 곰이 탄생하고, 물고기가 헤엄을 친다. 수천 수만의 별 밭에서 자기만의 별자리가 탄생하는 순간이다.

자신이 만들어낸 새로운 세계를 남기고 싶어서, 그는 바위에 엎디어 정성껏 별자리를 새겨놓았다. 까마득한 세월에 마모되어 흔적은 흐릿해졌지만, 그의 별들은 여전히 지상에 살아 있다.

이 책에서 지금부터 이야기하려는 '글쓰기'란 먼 옛날 두물머리에서 우주를 올려다보았을 어떤 사람의 마음을 따라가 보는 일과 비슷하다. 두물머리 사람이 별과 별을 이어 별자리를 그려냈듯이, 우리는 특별한 경험과 생각을 이어 나만의 지도를 그려낼 것이다.

그리고 바위에 별의 지도를 새겨 넣는 마음으로 우리도 한 자 한 자 단어를 모아 글을 쓰게 될 것이다.

글쓰기는 이제 더 이상 특정한 직업이나 능력을 가진 사람들만의 일이 아니다. 글을 한 줄도 쓰지 않고 하루를 보내는 경우는 별로 없다. 문자를 보내고 메일을 쓰고 보고서를 작성해야 하며, 댓글을 달고 리뷰를 쓰기도 한다. 글을 써야 할 시간은 점점 늘어나고 있다.

특히 글쓰기가 집중적으로 요구되는 곳이 바로 대학이다. '대학 공부＝글을 쓰는 것'이라고 말할 수 있다. 각종 보고서, 서평, 비평문, 감상문, 요약문, 소논문, 중간·기말 고사의 서술시험 답안에 이르기까지, 대학에서의 공부는 배우고 읽고 생각한 것을 글로 써내는 과정이기 때문이다.

이런 상황에서 아무리 열심히 수업을 듣고 책을 읽는다고 해도, 공부하고 생각한 것을 글로 제대로 담아내지 못한다면 나의 노력을 증명하기란 참 어렵다. 그러므로 글쓰기의 기본을 익히는 일은 대학 공부를 성공적으로 수행하기 위한 바탕을 닦는 일이 된다. 글쓰기를 책으로 다 배울 수는 없다. 그러나 글쓰기의 핵심을 제시하는 글쓰기의 '지도(roadmap)'를 이해한다면, 글을 쓸 수 있는 용기와 힘을 얻을 수 있을 것이다.

글의 시작부터 완성까지, 글쓰기의 간결하고도 쉬운 로드맵을 보여주는 것이 이 책의 목표이다. 글쓰기를 두려워하는 마음을 벗고, 한 단계 한 단계 이 책과 함께 걸어가 보자. 방향과 목표를 가리키는 지도가 있으니, 큰길에서 크게 벗어나지 않고 '한 편의 글'이라는 목적지에 무사히 도달할 수 있을 것이다. 지도를 마스터했다고 생각하면 뒤에 실린 서평과 논문에도 멋지게 도전해 볼 수 있다.

『글쓰기의 지도』를 벗 삼아 여러분이 빛나는 별자리를 찾아갈 수 있으면 좋겠다.

2010년 봄

한 수 영

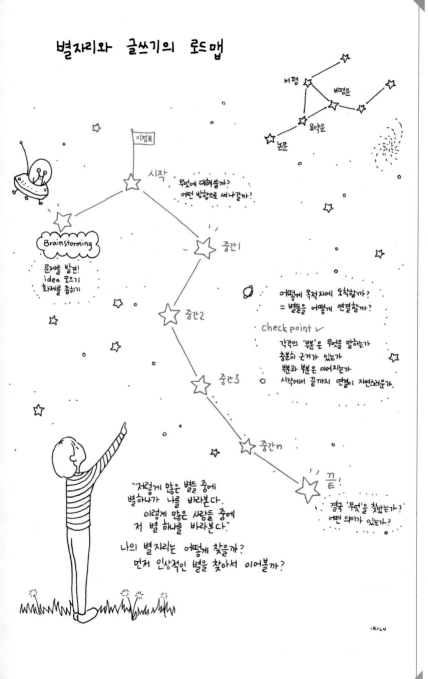

차례

chapter 1

생각의 지도

생각의 지도

1. 마음의 준비

지금 당장 글을 쓸 수 없는 이유

내일까지 보고서를 한 장 제출해야 한다. 벌써 해가 저물었으니 더 이상 미룰 시간이 없다. 그래도 당장 글쓰기를 시작할 수 없는 이유는 얼마든지 있다. 출출하니 저녁도 먹어야 하고 친구한테 전화해서 주말 약속도 조절해야 한다. 책상 위가 어지러우니 정리도 해야 하고, 이메일 보낼 일도 있다. 잠깐 맨손체조라도 해서 몸을 풀어야 할 것만 같다. 글을 쓰려고 하면, 웬일인지 해야 할 일이 꼬리에 꼬리를 물고 떠오르기 시작한다. 그리고 세상의 모든 일들이 지금 써야 하는 글보다도 더 중요한 일처럼 느껴진다. 하지만 내일 당장 내야 할 보고서보다 시급한 일은 없다. 단지 이렇게라도 해서 글쓰기를 미루고 싶을 뿐이다.

글을 쓰는 일은 누구에게나 두렵다. 모니터에서 깜빡거리는 커서는 어서 글을 써보라고 재촉하는 것만 같다. 실제로 이 두려움은 미루려는 마음 때문에 점점 더 커지는 경우가 많다. 미루지 말자. 지금 가장 중요한 일은 글을 쓰는 일이라고 생각하자. 좀 이따가 쓰자고 유혹하는 모든 마음을 잠깐 접어두고 글쓰기에 집중하자.

지금이 바로 글을 써야 할 때다.

잘 써야 한다는 압박감

'글을 잘 써야 한다', '멋진 글을 완성해서 사람들에게 감동을 주고 싶다'는 욕심은 글쓰기를 어렵게 만든다. 아직 글을 시작하지도 않았는데 엄청난 글을 쓰고야 말겠다는 야무진 꿈부터 꾼다면 그 마음이 얼마나 무거울까. 좋은 글은 시작만 멋지다고 될 수 있는 것이 아니며 갑자기 마음먹는다고 이루어질 수 있는 것은 더더욱 아니다. 지식이 축적되고 생각이 깊어지다 보면 글도 조금씩 깊어질 것이다. 하지만 그것은 나중 일이다. 지금 중요한 것은 엄청나게 훌륭한 멋진 글이 아니다. 목적에 맞는 명료하고도 간결한 글이다.

잘 써야겠다는 욕심을 내는 사람들을 보면 무엇을 써야 할까 보다는 어떻게 멋지게 시작할까를 놓고 고민하는 경우가 많다. 첫 문장이 매끄럽게 나오면 글 전체가 세련되게 흘러갈 것만 같은 것이다. 그러나 장식적인 문장이 순간적으로 이목을 끌 수 있을지는 모르지만 그것만으로는 글이 앞으로 나아갈 수가 없다.

'어머니'에 대한 글을 쓰라는 과제를 받았다고 해보자. 나를 위해서 그토록 고생을 하신 어머니에 대해 대강 써내려 갈 수는 없다. 사랑과 존경과 감사를 가득 담아서 써야 할 것이다. 그래서 '어머니라는 말은 세상의 모든 고귀한 눈물을 불러낸다'라는 멋진 문장으로 일단 시작해 본다. 시작은 괜찮은 것 같은데, 그 다음에 무엇을 쓸지가 막막하다. 어머니가 고귀한 분인 것은 확실하지만, 어머니의 실제 모습은 고귀함과는 한참 거리가 있기 때문이다. 때로는 악착스럽고 맹목적이기도 하고, 초라한 데다가 신경질도 곧 잘 부리는 어머니란 한마디로 참 복잡한 존재다. '고귀하다'라는 말로만은 진짜 어머니를 설명할 수 없다. 심지어는 다시 들여다보니 고귀한 눈물은 어머니의 눈물이 아니라 어머니를 위해 흘린 누군가의 눈물로 되어 있다. 도대체 어떤 눈물이길래 고귀한 것이 될까? 이쯤 되면 이 글이 어디로 나가게 될지 아무도 알 수 없다.

좋은 글이란 화려하게 시작한 글이 아니다. 멋지게 써야 한다는 압박감은 구체적인 구상을 방해한다. 멋을 부린 첫 문장에 집착하다 보면 오히려 주제가 모호해져서 글이 겉돌게 된다. 멋지게 잘 쓰려고 하지 말자. 요구받은 주제를 정확하게 이해하고 필요한 만큼 내용을 꾸려내면 그것이 나에게 필요한 가장 좋은 글이 된다.

남들의 시선

이 글을 보고 남들이 비웃지 않을까? 나를 이상하게 보지 않을까? 이런 자기 검열은 글쓰기를 두렵고 힘들게 한다. 물론 자기 검열을 하지 않은 글은 없다. 소재를 취사선택할 때, 여러 가지 자기 기준이 작용하게 마련이다. 너무나 사적인 이야기는 빼야 될 것 같고, 지나치게 주관적인 견해도 자제를 해야 할 것 같다. 부끄러운 기억도 함부로 고백할 수 없으며, 가족이나 친구에게 폐가 될 만한 내용도 없애야 한다.

그런데 빼고 가리고 지우다 보니 남은 것이 껍데기뿐이라면 문제다. 내용도 빈약해질 뿐더러 어디에나 있는 천편일률적인 내용이 될 것이 빠하다. 가족을 소재로 글을 쓰라고 했을 때, 가장 먼저 생각나는 것이 바다, 파도, 찬바람, 깨진 유리, 보따리, 식은 밥, 등등이었다. 하지만 따져보니 가족의 아픈 사생활이 너무 드러나는 것 같아 빼기로 했다. 그랬더니 남은 것은 아침에 된장국 끓는 냄새,

따뜻한 이불속, 텔레비전 등이다. 이것으로 글을 써도 되겠지만, 이는 어디나 있는 가족 이야기지 우리 가족의 이야기가 될 것 같지는 않다. 남의 눈을 너무 생각하다가는, 나의 글을 놓치게 된다.

남들의 시선은 두렵다. 그래서 정말 감추고 싶은 것은 쓰지 않아도 된다. 감당할 자신이 없는 일은 쓰지 않아도 된다. 너무 치우쳐 있어서 아무도 동의해주지 않을 것 같은 내용이라면 더 고민을 해야 한다. 중요한 것은 쓸 수 있는 것을 솔직하게 쓰되, 읽는 사람들이 자신의 생각을 이해하도록 써야 한다는 점이다. 남의 눈을 의식한다는 말은 쓰고 싶은 것을 쓰지 못한다는 말이 아니다. 남의 눈을 의식한다는 말은 남을 설득할 수 있는 글을 쓰려고 노력한다는 말이다. 이것이야말로 타인을 진짜 의식하는 것이다.

막 쓰는 버릇

사람마다 글을 쓰는 습관이 있다. 오래 고민하면서 한 줄씩 더해가는 사람이 있는가 하면 별 계획 없이 내키는 대로 써 내려가는 사람이 있다. 더 나쁜 것은 무슨 글을 써야 하는지도 확인하지 않고 무조건 시작하는 사람이다. 키보드를 두드리다 보면 무엇인가 결과물이 나올 것 같지만 천만의 말씀이다. 글이 길어질수록 내용은 더 엉성해지며 갈피를 못 잡게 된다.

글을 쓰는 것은 일종의 서술형 시험 답안을 쓰는 것과 유사하다. 아무리 매끄러운 답안일지라도 문제가 요구하는 내용과 관계없다면 아무 소용이 없다. '내 인생에서 영혼의 떨림을 느꼈던 순간을 서술하라'는 주제가 정해져 있다면, 그 순간이 언제였으며, 왜 그 순간에 영혼의 떨림을 느꼈는지를 설명하면 될 것이다. 이런 경우는 비교적 글을 계획하기가 쉽다. 그런데 최근의 사회 현상 중 하나를 선택하여 비판적으로 서술을 하는 칼럼을 써보라는 과제는 더 복잡하다. 어떤 것을 선택해야 할지, 어떻게 비판해야 할지 먼저 고민해야 할 내용이 한두 가지가 아니다. 문제를 충분히 파악해야지만 비로소 글을 구상할 수가 있다.

별 준비 없이 그냥 막 쓰는 편이었다면 이제 그런 글쓰기의 습관을 과감하게 바꿀 필요가 있다. 글의 목표도 정하지 않은 채, 생각이 가는 대로 그냥 써 내려간 글에 공감하기는 어렵다. 함부로 막 쓰지 않고, 문제를 충분히 숙고한 후에 쓰기 시작하는 좋은 글쓰기 습관을 기르자.

두려움을 극복하는 방법
1. 글쓰기를 미루지 말자.
2. 멋지게 잘 쓰려고 애쓰지 말자.
3. 남의 시선을 너무 의식하지 말자.
4. 충분히 숙고한 후에 쓰는 습관을 기르자.

Thinking & Writing

1. 다음은 6살짜리 유치원생이 쓴 삼행시이다. 엄마에 대한 동시를 짓는 시간에, 이 꼬마는 엄마 이름으로 삼행시를 지었다고 한다. '마음의 준비'에서 검토한 내용을 떠올리면서 이 동시를 평가해보자. 어떤 점이 좋고, 문제가 있다면 무엇일까?

김밥이 먹고 싶다.
진짜로 먹고 싶다.

아이스크림도 먹고 싶다.

●어린 아이의 귀엽고 천진한 글이다. 엄마를 생각하니 먼저 먹을 것이 떠올랐을 것이다. 먹는 것이야말로 가장 근원적인 욕구이기에 엄마와 음식은 이렇게 나란히 있을 수 있다. 소박하지만, 아이에게 엄마가 얼마나 절대적인 존재인지가 잘 나타난다. 글쓰기를 두려워하지 않으며 타인의 시선도 별로 의식하지 않는다. 자유롭게 느낀 대로 자신을 드러내고 있다. 아이다운 매력이 느껴져서 좋다.

그러나 이것만으로는 글이 완성되지 못한다. 솔직하기는 하지만 무엇을 쓸지 찬찬히 생각하지 않았기에 문제가 발생했다. 엄마에 대해서 쓰자고 했는데, 맨 먼저 떠오르는 것이 김밥이라서 결국에는 먹을 것만 나열되었다. 꼬마가 진짜 표현하고 싶었던 것은 엄마가 그만큼 간절하게 소중한 사람이라는 것이 아니었을까?

글쓰기를 두려워하지 않는 것은 좋다. 하지만 생각나는 대로 너무 쉽게 시작해버리면 정말 쓰고 싶은 것을 끌어낼 수 없다. 아이가 좀 더 커서 같은 주제로 글을 썼다면 이렇게 시작했을 것이다.

엄마가 싸주던 김밥이 생각난다. 오늘 따라 그 김밥이 먹고 싶다. 김밥을 먹은 후에는 냉장고에서 시원한 아이스크림을 꺼내서 혀가 얼얼해지도록 핥아먹곤 했다. 어린 시절에는 울다가도 김밥과 아이스크림만 있으면 행복해졌다. 배가 고플 때도 갈증이 날 때도 엄마를 불렀다. 내 몸이 무엇인가 간절하게 원할 때마다 엄마가 먼저 알고 달려왔다. 어린 나에게 엄마는 김밥이었고 아이스크림이었고, 그 모든 것이었다.

2. 다음은 책에 얽힌 기억을 서술한 글의 일부분이다. 이 글의 장점은 무엇인가?

하루는 무슨 변덕에서인지 빛바랜 책들을 하나하나 들추어 보았다. 이 책 저 책을 뒤적이다가 그 자리에서 끝까지 다시 읽은 책이『데미안』이었다. 언젠가 어린이날 선물로 받은 것으로, 선물이니 꼭 읽어야만 한다는 이상한 사명감에 불타 무슨 뜻인지도 모른 채 글자만 보았던 책이었다. 아무리 시간이 지나도 친해질 수 없을 것이라고 생각했는데, 어느새 나는 책을 가슴으로 받아들일 수 있을 만큼 자라 있었다.

'알은 세계다. 태어나려는 자는 한 세계를 파괴하고 태어난다. 그 새는 신에게로 날아간다. 그 신의 이름은 아프락삭스다.

무작정 박차고 나가고 싶은 충동에 시달렸던 내가 그리 별난 것만은 아니었다. 내가 웅크린 좁은 세계 안에 수많은 싱클레어가 있었다. 그리고 그들이 미래에도 있을 것이라는 사실이 좋았다. 왠지 시원했고 유쾌했다. 위안이 되었다. 이 순간 나는 데미안의 보살핌을 받는 싱클레어가 되어 있었고, 데미안은 지척에서 나에게 메시지를 보내고 있었다.

나는 알 같은 작은 세계 안에 갇혀 있었고 너머에는 다른 세계가 준비 되어 있었다. 나만이 그 껍질을 깨고 나갈 수 있다. 읽고 또 읽었다. 어지러웠던 머리가 일순간 맑아졌다.   (학생의 글)

◑ 책에서 깨달음을 얻었던 순간의 느낌을 담담하면서도 진솔하게 서술하고 있다. 자칫 현학적이고 추상적이 되기 쉬운데, 자신이 이해한 선에서 과장 없이 쓰고 있다. 멋지게 시작하겠다는 허세도 없고, 어떻게 시작해야 할지 머뭇거리는 두려움도 없어서 좋다.

2. 방향과 목표 설정

두 개의 무엇

글을 쓰려고 마음을 먹었다면 먼저 스스로에게 두 가지의 질문을 해야 한다. 첫째, "지금 **무엇에** 대해서 쓰려고 하는가?" 둘째, "그 무엇을 통해서 결국 **무엇을** 말하고자 하는가?" 첫 번째의 무엇은 글의 '화제(topic)'를 의미하고, 두 번째의 무엇은 글의 '주제(subject)'를 의미한다. 화제와 주제가 정해져야 글을 시작할 수 있다. 화제는 글이 나아갈 대략의 방향이며 주제는 글이 마지막에 도달할 목표물이다. 정확한 방향과 목표가 정해져야만 딴 길로 새거나 중도에 끊어지지 않고 글이 끝까지 나갈 수 있다.

대학의 보고서나 서술시험에서는 대부분 미리 화제가 주어져 있다. 예를 들어 "나의 인생관", "○○책을 읽고 서평을 써라", "교원 평가제를 비판적으로 설명해보라", "행복의 조건에 대하여 논하라", "○○의 신자유주의론을 비판해보라", "나에게 생애 마지막 3일만이 남아 있다면" 등의 과제에서는 '무엇'에 대해서 써야하는지, 그 기본 방향이 미리 정해져 있다.

그런데 화제를 확인했다고 해서 바로 글을 쓸 수는 없다. '화제'의 범주가 너무 넓기 때문이다. "나의 인생관"과 같은 화제가 특히 그러한데, 실제적으로는 무엇을 써도 괜찮을 만큼 포괄적이다. 화제는 서평인지, 교원평가제에 대한 글인지, 아니면 행복에 대한 글인지 대략의 큰 방향만을 가리킬 뿐이다. 교원평가제를 화제로 해서도 얼마든지 다양한 글을 쓸 수 있다. 교원평가제를 긍정적으로 또는 부정적으로 볼 수도 있고 그 내용의 문제점을 따져볼 수도 있다. 이것과 유사한 제도를 나라별로 비교할 수도 있을 것이다.

따라서 화제를 통해서 궁극적으로 어떤 것을 주장할지, 즉 '주제(subject)'를 확정해야만 내가 쓰려는 글의 실체를 구체적으로 그려볼 수 있다. 주제는 글 전체를 통틀어서 가장 중요한 한 줄의 메시지다. 줄이고 줄여서 마지막까지 남은 최후의 한 줄이 바로 주제에 해당된다.

「타이타닉」은 화제가 풍부한 영화였다. 타이타닉 호의 화려함, 빙산과 충돌해 침몰하는 대사건, 다이아몬드, 가난한 청년 화가, 사랑, 신분의 갈등, 부르주아의 허영, 죽음, 희생 등등 다루는 이야기가 많다. 그런데 이 영화가 결국 하고 싶은 말은 무엇이었을까? 영화에서 하고 싶은 말을 한 줄로 줄여보자. "사랑은 빙산보다도 강하고 다이아몬드보다도 영원하다"라는 한 줄로 요약할 수 있다면, 그것이 영화의 주제가 될 것이다.

글이 나갈 대략의 방향인 '화제'를 정하여 마지막 목표인 '주제'에 도달하게 된다. "항상 생각을 실천에 옮기는 삶을 살겠다", "교원평가제는 평가 주체가 교사들로 한정되어 있어 공정한 평가가 불가능하다", "행복의 조건은 사회적 차원에서 먼저 구비되어야 한다"와 같이, 주어진 '화제'를 바탕으로 말하고자 하는 목표인 '주제'가 설정되어야 한다. 물론 이 단계에서 주제란 일종의 가설로, 주장하고자 하는 (또는 주장할 수 있다고 예측되는) 내용이다.

현미경과 망원경

화제와 주제를 찾아갈 때 꼭 써야 할 도구가 있다. 현미경과 망원경이다. 너무 치우치거나 틀린 판단을 할 수도 있기에, 주장을 하기 위해서는 자신이 다루는 화제를 다양한 각도에서 살펴보아야 한다.

빛깔은 거무튀튀한 잿빛인데 울퉁불퉁하고 굵은 굴곡이 져 있다. 마치 메마르고 건조한 화성의 표면처럼 보이기도 한다. 때때로 표면은 아주 천천히 움직인다. 과연 무엇일까? 이것은 현미경으로 들여다본 코끼리의 앞다리다. 현미경으로 보니, 피부가 확대되어 황량한 사막처  럼 보인 것이다. 그런데 현미경을 놓고, 코끼리라는 대상에서 조금씩 뒤로 물러나보면 코끼리의 형상이 보이기 시작한다. 뒤로 물러날수록 전체의 모습은 점점 더 잘 보인다. 너무 멀어져 망원경으로 보니 코끼리가 산과 강을 배경으로 다른 녀석들과 무리지어 있는 것도 보인다. 코끼리는 드디어 작은 점이 되었다. 비행기를 타고 하늘에 오르면 지평선이 보일 것이고, 우주선에서 본다면 코끼리가 어딘가 숨어 있을 초록의 별을 보게 될 것이다.

코끼리는 황량한 사막 같다는 말도, 코끼리는 너무 작아 보이지 않는다는 말도 틀리지는 않다. 하지만 둘 다 지나치게 한쪽으로 치우쳐 있어서 수긍하기가 힘들다. 망원경과 현미경을 균형 있게 이용한 특정한 지점을 발견해야만 코끼리라는 화제에 대한 자신만의 주장을 펼칠 수 있다. 현미경과 망원경으로 잘 살펴본 결과 무리와 어울릴 때 코끼리의 귀가 특이하게 움직이는 것을 발견했다고 하자. 이 움직임으로 코끼리와 무리가 어떻게 소통하는지를 설명할 수 있다면 코끼리라는 화제에서 좋은 주제를 발견한 것이 된다.

현미경과 망원경, 어느 하나만으로는 대상을 제대로 볼 수 없다. 장미꽃밭을 멀리서 바라보면 아름답고 향기롭지만, 가까이서 자세히 들여다보면 꽃잎 아래 숨겨져 있는 날카로운 가시를 발견할 수 있다. 즐비하게 늘어선 대도시의 빌딩은 화려하게 번쩍거리지만, 그 뒤 그늘진 곳에는 전혀 다른 세상이 펼쳐져 있다. 자세하게 들여다보기도 하고, 때로는 멀리서 다른 것들과 비교하면서 바라보기도 해야 대상에서 자신이 이야기하고 싶은 것을 발견할 수 있다.

주제는 자신만의 눈으로 대상(화제)을 보는 법이다. 자신만의 눈으로 본다는 것은 남들과는 다르게 이상하게 왜곡해서 본다는 뜻이 아니다. 남들이 잘 발견하지 못한 것을 정확하게 새롭게 발견한다는 것을 의미한다.

책에서 인터넷까지

글쓰기는 혼자서 하는 일이지만 고독한 작업만은 아니다. 글을 쓰려면 관계된 자료들을 계속 참고해야 하기 때문이다. 즉 누군가가 쓴 글을 읽고 그의 의견을 들어야 한다. 혼자이면서도 계속 누군가와 접촉하여 도움을 받으며 함께 길을 찾아나가는 셈이다.

아무 것도 참고하지 않고 오롯이 혼자 쓸 수 있는 글은 별로 없다. 일기를 쓸 때도 오늘 기온이 몇 도였는지를 정확히 기록하려면 신문이나 인터넷을 다시 확인해야 할 것이다. 텔레비전 드라마를 보고 리뷰를 쓰려 하면, 필요한 부분을 몇 번이고 반복해서 보면서 생각을 정리해야 할 것이다. 또 다른 사람들은 그 작품에 대해서 어떻게 생각하는지도 찾아보아야 할 것이다. 혹시 줄거리를 잘 못 이해할 수도 있으니 해당 드라마 홈페이지의 정보들도 신중하게 참고해야 할 것이다. 이렇게 드라마 리뷰도 수많은 사람들과 대화하면서 쓰게 된다. 한마디로 각종 자료를 보지 않고서는 한 줄도 써 나가기가 힘들다.

정확한 사실 정보를 확인하는 일부터 다른 사람들의 견해를 참조하는 일까지 다양한 면에서 자료를 참고할 수 있다. 학술적인 글의 경우에는 다루는 내용이 어렵고 관련된 지식이 복합적이어서 참고할 자료들이 더욱 광범위해진다. 어려운 단어들의 개념도 확인해보아야 하며, 번역문이 이상하다면 원문을 확인해보아야 한다. 그 분야의 전문가들이 쓴 글들은 큰 도움이 된다. 어려운 내용들을 명료하게 정리해주는 것은 물론이고, 자신이 미처 생각하지 못했던 문제를 깊이 있게 통찰해 내기 때문이다.

도움이 될 자료는 사방에 있다. 먼저 단행본으로 간행된 책이나 각종 학술 논문들을 참고할 수 있다. 국회도서관이나 학교 도서관에서 주요 용어를 검색해 보면 관련된 수많은 자료들을 찾을 수 있다. 화제와 주제에서 뽑은 키워드를 중심으로 검색을 해가면서, 책을 살펴보면 자기 관심 분야와 가장 가까운 글을 찾을 수 있을 것이다. 그리고 인터넷에서 키워드로 검색을 하면 각종 기사나 카페나 블로그에 개인이 쓴 글들도 검색할 수 있다. 남의 생각을 두루 살펴보는 데 인터넷만큼 유용한 것은 없다.

자료를 참고할 때는 두 가지 사항에 유의해야 한다.

첫째, 화제가 너무 광범위한 상태에서 자료를 찾다가는 그야말로 자료의 바다에서 허우적거릴 가능성이 많다. 가능하면 화제의 범주를 줄여야 자료를 효율적으로 찾을 수 있다. 두 번째 것은 더욱 중요한데, 남의 글의 일부분이나 아이디어를 그냥 가져다 쓰면 안 된다는 점이다. 표절은 명백한 절도행위이다. 무단으로 표절한 한 줄 때문에 글 전체를 폐기해야 할 경우도 있으니 각별한 주의가 필요하다.

화제를 정하고 주제를 좁혀가는 일을 할 때 관련된 자료를 찾아보는 일은 꼭 필요하다. 다른 이들의 의견을 충분히 살펴보는 과정에서 비로소 자신의 관점을 구체화할 수 있기 때문이다. 내가 관심을 갖는 주제라면 이미 많은 사람들이 관심을 가졌을 것이다. 검색을 했더니 엄청난 자료가 나왔다. 그렇다고 해서 기가 죽을 필요는 없다. 이미 많은 이야기가 되어 있다는 것은 그만큼 그것이 가치 있는 문제라는 것을 의미한다. 참고자료 목록을 작성해서 성실하게 검토해 나가자. 내 글쓰기의 좋은 동행자가 되어 줄 것이다.

방향과 목표를 잡는 방법
1. 화제와 주제를 최대한 구체적으로 정하자.
2. 문제를 작게도 크게도 보면서 균형감을 유지하자.
3. 참고자료를 활용하자.
4. 표절에 주의하자.

Thinking & Writing

1. 다음은 중국 고전인 『장자』에 나오는 이야기다. '붕'이 볼 수 있는 것과 '매미와 메추라기'가 볼 수 있는 것을 비교해보면서, 균형 있게 본다는 것의 의미를 생각해보자.

　"붕(鵬)이라는 거대한 새가 있습니다. 붕은 등이 몇 천리인지 알지 못할 정도로 컸습니다. 붕이 가슴에 바람을 가득 넣어 힘차게 날아오르면, 날개가 마치 하늘에 걸린 큰 구름 같았습니다.
　매미와 메추라기가 붕을 보며 말했습니다. "우리는 한껏 날아 보여야 겨우 나무와 나무 사이를 오를 뿐이고 금방 땅에 내려앉고 마는데, 붕은 날개 짓 한 번에 구만리를 날아가다니……"

➦ 상상의 새인 붕은 어찌나 덩치가 큰지 한 번 날개 짓을 하면 9만 리(약 35,000km)를 날아간다고 한다. 그토록 큰 새이니 또 얼마나 높은 곳에서 날아야 하겠는가? 붕의 크기나 붕이 날개 짓 하는 하늘의 높이를 땅에 있는 작은 매미나 메추라기는 상상할 수도 없을 것이다.

따라서 붕이 볼 수 있는 세상과 메추라기가 볼 수 있는 세상은 무척 다를 것이다. 붕은 넓은 바다와 수평선을 굽어볼 것이고 하늘 바깥의 검은 우주도 응시할 것이다. 하지만 붕은 지상에서 무슨 일이 일어나고 있는지는 알 수 없을 것이다. 그곳은 작은 새들의 세상이기 때문이다. 어떤 나무가 자라고 있으며 나무에는 어떤 벌레들이 깃들어 사는지, 바람이 부는지 비가 오는지 알 수 있는 것은 매미와 메추라기다.

구만리 하늘을 나는 붕의 눈만으로도, 땅에 붙어사는 작은 새의 눈만으로도 세상은 잘 보이지 않는다. 땅과 하늘을 자유자재로 오갈 수 있어야 세상을 골고루 보는 눈 밝은 새가 될 수 있을 것이다.

3. 기본틀 짜기

개요짜기, 구성하기, 글짜기, 밑그림 등은 모두 글의 기본틀을 잡는 과정을 가리키는 말이다. 학생들이 가장 어려워하기도 하고 귀찮아하기도 하는 과정인데, 기본틀을 만들어도 글쓰는 데 별 도움을 안 된다고 생각하기 때문일 것이다.

그런데 글의 틀을 잡는다는 말은 앙상하게 뼈대를 세워본다는 뜻이 아니다. 목표지점까지 글을 끌고 나갈 수 있는 세세한 지도를 그리는 일이다. 이 지도가 있으면 다른 길로 새지 않고, 중요한 길목만을 거쳐서 안전하게 목표에 다다를 수 있다. 지도만 잘 만들어지면 글쓰기가 두려울 일도 없다.

다음의 세 가지 질문에서 출발하여 기본틀을 세워볼 수 있다. 실제로 글을 쓸 때는 이 세 개의 질문이 순서 없이 뒤섞여서 나올 수밖에 없다. 쓰고 싶은 주제가 먼저 정해질 수도 있으며, 단편적인 아이디어에서 출발해서 그 아이디어가 화제와 주제를 이끌어낼 수도 있다. 세 개의 질문에 답하면서 기본틀을 짜는 연습을 해보자.

① 무엇에 대하여 쓸 것인가 (화제를 좁히기)
② 결국 무엇을 주장할 것인가 (가능한 주제를 예측)
③ 연결고리는 무엇인가? (화제에서 주제에 이르는 과정)

무엇에 대해서 쓸 것인가

'육식을 즐기는 문화'라는 화제가 주어졌다고 가정해보자. '육식을 즐기는 문화'라는 말은 너무 광범위해서 이 화제만으로는 무엇을 써야 할지 알 수 없다. 이 화제를 통해 떠오르는 아이디어

를 메모하면서 점점 화제의 범주를 구체화한다.

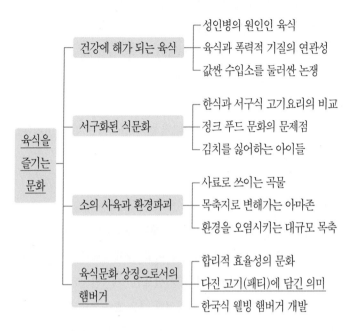

'육식을 즐기는 문화'라는 화제에서 '건강에 해가 되는 육식', '서구화된 식문화', '소의 사육과 환경파괴', '햄버거'라는 조금 더 구체적인 내용을 끌어냈다. 그리고 각각의 항목에서 좀 더 세부적인 아이디어를 이끌어냈다. 소규모 회의에서 창의적인 아이디어를 내기 위해 자유롭게 의견을 개진하는 것을 브레인스토밍이라고 하는데, 이 과정과 비슷하다. 이것저것 너무 가리며 억압하지 말고, 그냥 자유롭게 연상되는 아이디어를 모아서 그 중에서 필요한 항목들을 정리해 사용하면 된다.

평소에 환경문제에 관심이 많은 사람은 '소의 사육과 환경파괴'와 '햄버거'라는 항목에 초점을 맞추고 싶어질 것이다. 이런 화제라면, 육식문화와 지구환경과의 영향관계를 따져보면서 고기 소비량이 급격히 늘면서 생기는 여러 문제를 다루어볼 수 있을 것 같다.

특히 '햄버거'라는 구체적인 대상을 중심으로 육식, 환경문제를 다루어보면 훨씬 더 개성적인 논의가 될 수 있을 것 같다. '햄버거'를 중심으로 놓고 또 다른 화제인 '소의 사육과 환경파괴'를 연결시킬 수도 있을 것이다. 그래서 서구적 육식 문화의 상징인 햄버거에 초점을 맞추기로 하고, '햄버거 안에 들어있는 다진 고기(패티)'로 화제의 범주를 좁혀 보았다.

결국 무엇을 쓸 것인가

'햄버거 안에 들어있는 다진 고기'라는 구체적인 화제가 정해졌다. 화제를 좁히는 과정에서는 물론이고, 구체적으로 화제를 정하고 주제를 탐색하는 과정에서 가장 필요한 것은 관련된 자료를 참고하는 것이다. 너무 화제가 광범위할 때는 효율적으로 자료를 찾기가 어렵다. 어느 정도 화제가 구체화되었을 때, 관련된 키워드를 뽑아서 자료를 검색해보자. 이때 필요한 것이 현미경과 망원경의 시선이다. 대상을 세밀하게도 관찰해보고, 멀리서도 조망해보면서, 자기만의 어떤 관점을 확보해야 한다.

햄버거, 패스트푸드, 냉동육, 패티, 육식, 환경문제 등을 키워드로 학교 도서관에서 자료 검색을 했다. 많은 자료가 있었는데 그 중에서도 다음의 항목이 눈길을 끌었다.

① 「롯데리아 VS 한국 맥도날드 '밀리면 끝장' 햄버거 할인전쟁」(『이코노믹리뷰』 2000년 12월, 26호)

② 「소비의 진보 : 햄버거/햄버거는 전쟁 중, 어린이와 십대를

포위하라!」(박형숙·이오성, 『월간말』, 2001년 9월호, 통권 183호)

③「고기 한 점이 윤리이다」(김영민, 『교수신문』, 2008년 5월 26일)

④『패스트푸드의 제국』(에릭 슐로서 지음, 김은령 옮김, 에코리브르, 2006년)

⑤『지식 e』,「햄버거 커넥션」(EBS 지식채널-e 지음, 북하우스, 2007년)

⑥『육식의 종말』(제레미 리프킨 지음, 신현승 옮김, 시공사, 2008년)

⑦「아마존의 눈물」(MBC 다큐멘터리, 2010년 1~2월 방영)

자료를 읽어보니 ③, ⑤, ⑥, ⑦번의 자료가 관심에 가장 가까운 문제를 다루고 있었다. 참고 자료들을 검토하면서, 햄버거를 성분이나 칼로리 등과 같은 미시적인 현미경의 눈으로도 볼 수 있지만, 세계화의 경제 구조와 같은 거시적 망원경의 눈으로 볼 수 있다는 것을 확인하였다. 햄버거 한 개에는 아메리카 대륙의 목축지에서 자란 소의 일생과 다국적 축산산업의 복잡한 메커니즘이 집약되어 있었다. 햄버거 하나로 지구 전체에 걸친 물류의 이동문제나 환경문제, 식량문제 등을 함께 생각할 수 있을 것 같다.

자료를 검토하다보면, 이 글을 통해 주장하고 싶은 내용이 조금씩 구체적으로 잡혀간다. 햄버거 한 개를 소비하는 것은 단순하게 밥 한 끼를 때우는 문제가 아니었다. 지나친 육식이 지구 환경과 인간의 공존을 위협하고 있으며, 패티는 이러한 육식문화의 문제점을 상징적으로 보여주고 있었다. 그런데 이것은 너무 큰 이야기어서, 이것을 글로 쓰면, 당연하고도 일반적인 이야기만 하게 될 것 같다.

이러한 큰 이야기를 어떻게 '나'의 문제로 연결시킬 수 있을까? 햄버거를 대상으로 하되, 글의 비중은 개인의 선택과 실천의 문제에 초점을 맞추어보는 것이 좋을 것이다. 참고자료인 「고기 한 점이 윤리이다」라는 글에서 지적하고 있듯이, 무엇을 어떻게 먹는가에 따라서 인간의 정체성은 영향을 많이 받는다. 햄버거 한 개를 앞에 두고, 이것이 어떻게 나의 식탁에 오르게 되었는지를 생각할 수 있는 사람과, 햄버거를 내 돈을 주고 산 물건으로밖에 생각할 수 없는 사람이 만드는 세상은 매우 다를 것이다. 나의 욕망만을 생각하다보면, 우리나 전체의 문제에 무감각해질 수밖에 없다. 그런 의미에서 먹는다는 것은 매우 윤리적인 선택의 행위가 될 수 있다. '패티'라는 화제에서 출발하여, '햄버거 한 개도 윤리적인 선택의 문제'라는 주제를 이끌어내 보고 싶다.

어떻게 연결할 것인가

'화제'를 좁히고 '주제'를 구체화하면서 두 개의 질문에는 대답을 했는데, 문제는 둘을 잇는 과정을 묻는 세 번째 질문이다. 화제가 발상의 출발점이라면 주제는 도착점이다. 두 점 사이를 잇는 방법은 무수히 많다. 멀리 돌아갈 수도 있고, 지그재그로 나갈 수도 있으며, 직선 코스를 선택할 수도 있다. 많은 가능성 중에서 글의 방향과 목적에 알맞은 가장 적절한 지도를 찾아야 한다. 이것을 다른 말로 표현해본다면, 주제를 뒷받침해 줄 만한 적절한 내용(근거)을 제시해서 화제가 주제로 이어지도록 해야 한다는 것이다.

화제	연결고리	주제
햄버거 패티 ⇨	?	⇨ 햄버거 한 개도 윤리적 선택의 문제

네모 상자 안에는 무엇이 들어갈 수 있을까? 햄버거를 먹는 것이 왜 윤리적인 선택의 행위일 수 있는지에 대한 합리적인 설명이 있어야 한다. 더 나아가 패티가 왜 중요하며, 왜 굳이 햄버거를 통해 이런 주장을 할 수 있는지도 제시되어야 할 것이다. 즉, '연결고리'는 주제를 지지해주는 '근거'다. 이 근거를 하나씩 견고하게 이어나가야 화제에서 주제에 이르는 좋은 길이 만들어진다.

위의 네모 상자에 들어갈 수 있는 근거를 생각해보자. 가능한 다양한 아이디어를 내보자.

- 육식산업의 메커니즘
- 다국적 식품회사에서 패티를 공급하는 과정
- 고기를 많이 먹는 서구인
- 곡물사료와 식량부족
- 소가 내뿜는 메탄가스
- 목축지 때문에 일어나는 토양오염과 물부족
- 세계화 경제구조에서의 물류 이동
- 기아에 허덕이는 아이들
- 먹거리에 의해 규정되는 인간존재
- 육식을 즐기는 심리
- 목축지로 개발되는 아마존
- 지구 생태계의 파괴

- 개인과 구조와의 연관관계
- 윤리적 선택

연결고리의 내용이 꽤 다양하게 제시되었다. 물론 내용이 많다고 좋은 것은 아니다. 어떻게 말이 되게 내용을 이어서 주제에 연결하는가가 관건이다. 비슷한 내용은 서로 묶고, 불필요한 것은 삭제해서 여섯 개 정도의 항목으로 정리해볼 수 있다. 그리고 여섯 개의 연결고리를 퍼즐 맞추듯이 이리저리 이어보면서 가장 좋은 모양을 생각해서 다시 정리해보자. 다양한 틀이 가능한데, 만약 '세계여행의 준비물'이라는 글을 쓴다면 필요한 항목들을 순서대로 나란히 열거하는 것이 좋을 것이다. 마치 긴 기차처럼, 한 칸씩 연결해가는 나열적 구성이다. '무관심의 원인과 해결책'이라는 글을 쓴다면, 원인을 먼저 제시하고 그에 맞는 해결책을 내야 한다. 퍼즐처럼 앞과 뒤가 딱 들어맞는 인과관계 구성이 필요하다. 위의 '햄버거'의 경우에는 '육식산업 → 세계화와 환경문제 → 인간존재 → 윤리적 선택'으로 의미가 꼬리에 꼬리를 물고 이어진다. 마치 3단 케이크처럼 각각의 단은 견고하게 연결되면서 점점 의미가 커지는 확장적 구성이라 할 수 있다. 무엇을 전제로 삼아 어떤 방향으로 확장시킬 것인가를 생각하며 항목의 순서를 정해야 한다.

① 햄버거와 육식산업의 메커니즘
② 세계화의 경제구조
③ 지구 생태계의 파괴
④ 곡물사료와 식량부족
⑤ 먹거리와 인간존재

⑥ 윤리적 선택

햄버거의 지도

화제를 좁히고, 주제를 예측해보고, 화제와 주제를 이어줄 연결
고리를 확보했다. 순서대로 제시된 여섯 항목이 잘 이어지는지, 글
의 스토리를 머릿속에서 대략 상상해보자.

① 햄버거는 먹을 때는 간편하지만, 생산되는 과정은 복잡하
다. ② 서구 육식문화의 상징인 햄버거의 고기는 세계화의 경제
구조 속에서 거대 산업화된 목축업의 메커니즘에 의해서 생산되
고 유통된다. ③ 패티를 만들기 위해서 자연환경이 심각하게 파
괴된다. 소들은 곡물까지 먹어치운다. ④ 지나친 육식문화는 생
태계의 파괴는 물론 인간과 인간의 갈등을 증폭시킨다. ⑤ 사람
은 먹는 것에서 자유로울 수 없다. 무엇을 먹을 것인가는 어떻게
살 것인가의 문제다. ⑥ 그래서 햄버거를 먹는 것은 윤리적 선택
의 행위가 된다.

스토리를 상상해보니, 글이 큰 무리 없이 연결될 수 있을 것 같
다. 여섯 항목을 중심으로 구성된다는 말은 기본적으로는 여섯 문
단의 글로 구성된다는 뜻이다. 각각의 문단의 핵심 내용을 제시하
고(위의 여섯 항목), 문단별로 들어갈 수 있는 세부적인 내용을 정
리하면 글의 기본틀이 완성된다. 햄버거라는 화제가 나아갈 방향
과 목표가 세세하게 기록된 '햄버거의 지도'다.

① 햄버거와 육식산업의 메커니즘

간편하게 소비되는 패스트푸드,
패티의 복잡한 생산 유통과정

② 세계화의 경제구조

서구 육식문화의 상징으로서의 햄버거,
거대한 물류의 이동, 산업화된 목축업

③ 지구 생태계의 파괴

목축지의 확대, 환경오염의 심화,
각종 생명체의 파괴

④ 곡물사료와 식량부족

인간과 인간의 갈등,
아마존의 눈물과 햄버거

⑤ 먹거리와 인간의 존재

무엇을 욕망하는가는 무엇을 정복
하는가의 문제, 아마존의 눈물

⑥ 윤리적 선택

인간은 자신의 행위의 총합,
구조를 변화시키려는 의지

세 개의 질문으로 기본틀 만들기

1. 화제와 주제는 최대한 구체적으로 좁힌다.

2. 화제와 주제를 연결할 근거를 정리한다.

3. 근거를 순서대로 연결하여 글의 스토리를 짜본다.

4. 근거와 그 세부항목을 바탕으로 글의 기본틀을 정리한다.

Thinking & Writing

1. '여행'을 계획하는 과정을 떠올려보고, 이것을 글쓰기에서 '화제, 주제, 내용 연결하기'의 과정에 비유하여 설명해보자.

＊여행의 방향과 목표 정하기 (⇨ 화제와 주제 정하기)

여행이라고 막연하게만 생각하면 어디에 가서 무엇을 해야 할지 전혀 알 수 없다. '동해바다'로 생각을 좁히면, 여행의 방향이 대략 정해진다. '동해안의 주문진 새벽 어시장에서 삶의 에너지를 얻고 싶다'라는 계획이 섰다면 여행의 방향은 물론 목적까지 정해진 셈이다. 글로 치자면, '여행 → 동해안 → 주문진 새벽어시장 → 삶의 에너지'로 화제의 범주를 좁혔다. 그리고 이 글은 "주문진의 새벽 어시장은 ~ 한 에너지를 준다"라는 주제를 끌어내게 될 것이다.

＊어떤 코스를 선택할 것인가? (⇨ 연결고리로 이어보기)

① 영동고속도로 타고 가기

도로 주변의 풍광을 잘 살피고, 주문진 새벽 어시장에 도착해

싱싱한 횟감 장보기

② 부산에서 동해안을 따라 올라가기

동해바다의 맛집을 들러보고, 주문진 새벽 어시장을 맛집과 비

교하기

③ 새벽에 주문진 어시장에 도착하기

바닷가를 둘러보고, 배가 들어오는 것과 사람들이 일하는 모습

을 관찰하고 시장에서 해장국 먹기

*①과 ②의 경우에도 주문진이라는 목표지점에 도달하기는 하지만, 영동고속도로의 풍광이나 동해바다의 맛집은 주문진 새벽 어시장을 느끼는 데 별 도움을 주지 못한다. 주문진 새벽 어시장을 두루두루 경험하고 여러 사람들과 접촉할 기회를 가져야 여행 목적을 달성할 수 있기에 ③의 코스가 적절하다는 것을 금방 알 수 있다.

만약 ①, ②를 글로 옮긴다면, 말하고 싶은 것이 잘 드러나지 않는 횡설수설한 글이 되고 말 것이다. 여행 의도와 목적을 구체적으로 정하고, 가장 적절한 코스를 찾아내는 것이 성공적인 여행의 지름길이다. 이 말을 글쓰기 용어로 다시 바꾸어 써보면, 화제와 관련된 수많은 아이디어 중에서 필요한 글감을 선택하여 주제를 끌어내야 한다는 말이다.

2. '사진'이라는 화제로 글을 쓴다고 가정하고, 글의 기본틀을 만들어보자.

* 질문 1. 무엇에 대해서 쓸 것인가?

⇨ 사진
(화제의 범위를 더 좁혀서) ⇨ 전쟁과 기아로 고통을 당하는 아이들을 찍은 사진

* 질문 2. 결국 무엇을 주장할 것인가?

⇨ 사진이 보여주는 고통을 타인의 고통으로만 여기지 말고, 공감하려는 노력을 해야 한다.

* 질문 3. 연결고리는 무엇인가?

⇨ 이미지의 시대와 사진
사진의 사회비판적 기능
점점 높아지는 사진의 선정성과 폭력성
고통스런 사진을 보았을 때 감정의 변화
사진에 찍힌 사람의 심정
사진을 찍는 행위의 폭력성
타인의 고통에서 느끼는 자기만족과 안도감

* 사진의 지도 – 스토리와 기본틀 정리

〈스토리〉
기아로 죽어가는 아프리카 아이의 사진이나 전쟁으로 불구가

된 아이들의 사진은 충격과 고통을 준다. 하지만 그 충격과 고통이 사회적인 파장으로 이어지는 경우는 드물다. 사진을 보면서 아이의 고통에 아파하고 연민을 느끼지만, 그것이 내 일이 아니란 것에 한편으로는 안도감을 느끼게 된다. 그리고 더 충격적인 사진이 나오면 이전의 사진은 금방 잊혀 버린다. 고통스러운 사진은 이미지로만 소비되기에 사진을 보는 사람은 점점 남의 고통에 무감각해진다. 사진은 고발은커녕 사진 속의 타인과 나를 갈라놓고, 그들의 고통을 '타인'의 고통으로 확인하게 한다. 사진 속의 고통을 내 고통으로 공감하는 노력만이 사진에 찍힌 그 고통을 멈추게 할 방법을 찾을 수 있다.

〈네 문단으로 구성해본 글의 기본틀〉

① 기아에 시달리는 아이의 공포스러운 눈망울

아프리카 아이들 사진, 전쟁사진,
사진의 역할, 구원의 메시지

② 충격적인 사진을 보는 심리

연민, 자신의 고통이 아니라는
사실에 대한 안도

③ 가벼운 이미지의 소비시대

아무것도 말해주지 않는 사진, 멋대로의
해석, 타인의 고통에 무관심

④ 공감의 의지

사회를 변화시킬 수 있는 사진의 힘,
공감하려는 노력, 변화의 시작 가능성

chapter 2

쓰기의 지도

쓰기의 지도

1. 글의 시작과 중간과 끝

이제 지금까지 생각하고 구상한
것을 실제로 글로 옮길 수 있는 단
계에 도달했다. 글을 포함한 모든
커뮤니케이션은 기본적으로 '시작'

과 '중간'과 '끝'의 삼단계로 이루어진다. 완성된 글의 기본틀을
바탕으로 삼아, 시작에서는 대략의 흐름을 제시해 주고, 중간에서
내용을 본격적으로 전개한 다음, 끝에서는 요약하고 주제를 강조
하면 된다. 각각의 단계에서 다음 사항에 각별히 유념하며 써보자.

시작 : 이정표

글의 시작은 고속도로의 이정표 같은 것이라고 생각하면 쉽다.
이정표에는 '1번 고속도로, 부산, 350km'라고 쓰여 있다. 이 길로
가면 부산이 나오며, 1번 도로를 타고 350km를 가게 될 것이라는
사실을 알 수 있다. 부산에 가서 무엇을 할지, 누굴 만날지는 이정
표에 제시되어 있지 않다. 이정표는 길이 크게 어긋나지 않도록 가
장 중요한 정보와 전체적인 방향만을 간략하게 제시할 뿐이다.

글의 시작도 이와 마찬가지다. 중심 화제를 밝히고, 글이 어떤 방향으로 진행될지를 보여주면 된다. 중심 화제를 밝힌다는 말은 글의 가장 기본적인 정보를 알려준다는 말이다. 즉 이 글에서 '나의 인생관'이나 '지구의 미래'가 아니고, '햄버거'를 다루게 된다고 밝히는 것이다.

글의 방향이란 화제가 어떻게 전개될지를 안내하는 큰 줄거리를 의미한다. 곧 자기의 문제의식을 분명히 하는 일이다. 햄버거를 다루되 육식문화의 문제점과 연결짓겠다는 문제의식을 밝혀 이 글이 나갈 대략의 흐름을 보여준다. 쓰는 사람의 입장에서 글의 화제와 목표를 분명하게 해두는 일은 중요하다. 글이 다른 방향으로 나가는 것을 막아 주기 때문이다. 또한 읽는 사람 입장에서도 호기심을 갖고 글을 읽을 마음의 준비를 할 수 있다.

글을 시작할 때는 다음 두 가지를 꼭 주의해야 한다. 첫째는, 처음부터 너무 많은 것을 말해버리면 안 된다는 것이다. 화제를 제시하는 것을 넘어 주제까지 언급되지 않도록 조심해야 한다. 햄버거를 통해 육식의 의미에 대해서 따져본다는 것 정도가 제시되어야지 햄버거가 개인의 윤리적 선택의 문제일 수 있다는 주장까지 나와서는 안 된다는 말이다. 주장이란 근거를 바탕으로 논리적인 증명이 된 후에야 비로소 나올 수 있다.

둘째로 주의할 것은, 바로 시작해야 한다는 점이다. 글을 시작할 때 화제를 직접 말하지 않고 돌아 들어가는 경우가 많다. 시작을 유연하게 하기 위해서 또는 화제에 대한 다양한 교양을 보여주기 위해서 이렇게 시작할 수도 있지만, 짧은 글일수록 시작은 간결해야 좋다. '근대 서양 문화의 유입', '동서양 음식문화 비교', '패스트푸드 산업' 이야기가 한참 나온 다음에야 햄버거 이야기가 나온다면 얼마나 지루하겠는가? 핵심어가 나오기도 전에 집중력이 떨어지기 십상이다. 빠르고 간결하게 화제로 진입하는 것이 시작부분에서 필요한 전략이다.

중간 : 주행

이정표가 제시한 목표점에 도달하기 위해서 '중간'이라는 일종의 주행 과정이 필요하다. 중간이란 종합을 위한 부분이기도 하고, 결과를 만들기 위한 원인이기도 하며, 주장을 위한 근거를 제시하는 부분이다. 이정표가 가리키는 대로 목표지점까지 350km를 무사히 주행하려면 어떤 길을 선택할지, 긴 거리를 어떤 식으로 쉬어갈지 등을 신중하게 선택해야 한다. 350km는 몇 번으로 나누어 단계적으로 나가는 것이 훨씬 효과적이다.

문단은 이런 단계의 역할을 한다. 중간 과정은 몇 개의 문단으로 이루어져 있다. 문단마다 새로운 이야기를 하고 있는 것처럼 보여도 각각의 내용은 화제의 범주에서 크게 벗어나지 않고 화제와 연관되어야만 한다. 각 문단은 주장을 도와줄 내용들로 채워져, 문단이 진행될수록 글은 점점 주제에 가까워지게 된다.

햄버거라는 화제에서 시작해 윤리적 선택이라는 주제로 가려면 어떤 중간 과정이 필요할까? 햄버거가 서구 육식문화의 상징이라는 것이 먼저 증명되어야 하고, 지나친 육식이 자연환경을 파괴하고 인간의 식량부족 문제를 야기하는 주범이라는 것도 설득해야 할 것이다. 그 다음 단계에서는 먹는 것이 사소한 일상적인 문제인 것 같지만 실제로는 인간의 존재를 규정하는 매우 근원적인 행위이며, 먹는 행위에서부터 자기 존재를 개혁할 수 있다는 것을 주장해야 할 것이다. 또한 개인의 행동이 전체 문화 패러다임의 변동을 가져올 수 있기에 햄버거 하나를 먹는 것도 윤리적 선택의 행위가 된다는 것을 증명해야 할 것이다. 이렇게 중간 과정을 채우면 끝으로 이어지는 안정적인 길이 확보된다.

끝 : 목표물 확인

얼마든지 개성적으로 자유롭게 글을 마무리할 수 있지만, 마무리 부분에서 절대로 빠트려서는 안 되는 것이 있다. 글 전체의 '주제'를 강조하는 일이다. 글의 끝에는 시작 부분에서 던진 질문의 답을 제시해야 한다. 즉 화제를 통해서 궁극적으로 말하고자 했던 '주제'가 마지막에서는 명확하게 드러나야만 한다.

고속도로를 달려와 톨게이트에서 '부산'이라는 글씨를 보면, 목적지에 예정대로 잘 도착했다는 것을 확인할 수 있다. 이제 부산에 왜 왔는지, 와서 무엇을 하고자 했는지가 정확하게 밝혀져야 한다. 그래야 350km를 힘들게 달려온 목표가 달성되며, 그 다음의 여정 또한 계획할 수 있다.

끝 부분에서는 대부분 요약이 먼저 나오는 경우가 많다. 중간 과정에서 나온 이야기들을 간결하게 요약하고 그것을 바탕으로 주제를 도출해내는 경우가 끝의 일반적인 형식이다. 짧은 글의 경우에는 특별히 요약이 필요 없기도 하다. 그럴 때는 중간 과정에 이어서 주제를 바로 이끌어내고 그것을 강조하면서 마무리하는 형식도 가능하다. 주제가 왜 중요한지를 새로운 시각에서 평가해본다든가, 주제와 관련한 새로운 문제의식을 제시해보는 것도 주제를 강조하는 좋은 방법이다.

끝 부분을 쓸 때는 주제가 명료하게 전달되면서 마무리될 수 있도록 각별히 유의해야 한다. 예를 들어 "~ 편이 좋지 않을까 싶다"라든가 "~라고 조심스럽게 생각해 본다" 등은 지나치게 자신감이 없어 보인다. 지금까지 열심히 주장하다 마지막에서 꼬리를 내리는 느낌이어서 글 자체에 대한 신뢰감도 떨어진다. "~하기를 꿈꾸어 본다"는 주관적인 감정이 주가 되는 글에서는 무난한 마무리일 수 있지만, 강렬한 주장을 담은 글과는 어울리지 않는다.

"햄버거 없는 세상을 소망한다"는 햄버거에 대한 논증적인 글의 마무리로는 어울리지 않는다. 지나치게 광범위해서 정확한 의미가 잘 전달되지 않는다. (햄버거 대신 칼로리가 낮은 다른 먹거리를 소망한다는 뜻인지? 아니면 햄버거라는 음식 자체가 없어지는 것이 중요하다는 것인지?) 글의 마지막 부분에서 주제는 간결하고도 정확하게 제시되어야 한다. "햄버거 하나를 먹는 것도 환경을 위한 윤리적 선택의 행위다"라면 훨씬 좋다.

글의 시작, 중간, 끝이란?
1. 시작은 글의 화제와 방향이 제시된 이정표다.
2. 중간은 근거에 바탕을 둔 주장을 이어가는 주행 과정이다.
3. 끝에서는 최초의 문제제기에 대한 답을 제시해 글의 목표를 달성해야 한다.

1. 글의 시작 부분이다. 어떤 문제가 있는지 각각 평가해보자.

① 서양의 식문화가 밀려들어온 지도 한 세기가 넘었다. 채식을 위주로 하던 우리의 식탁은 많은 변화를 겪었다. 외식도 이제 익숙해져서 집 바깥에서 식사를 하는 것도 매우 일상적인 일이 되었다. 간편하고 저렴하게 먹을 수 있는 것 중의 하나가 패스트푸드인데 햄버거는 그 대표적인 음식이다. 이렇게 간편한 음식이 햄버거지만, 그 안에 들어있는 다진 고기 한 장이 만들어지는 과정은 결코 간단하지 않다. 햄버거 한 개에서 어떻게 인간과 환경에 대한 윤리를 실천하는가가 문제가 된다.　　　　(학생의 글)

◗ 지루하기 짝이 없는 시작이 되고 말았다. 화제(햄버거) 앞에 필요 없는 내용들이 너무 먼저 나와서 집중력이 떨어진다. 더 문제가 되는 것은 '윤리적 선택'이라는 주제까지도 제시되었다는 점이다. 마지막 문장은 아무런 근거도 없이 갑자기 튀어나와 어색하다.

② 낯선 공간에서 마주하게 되는 많은 사람들, 일상에서 보지 못했던 모습들, 그리고 또 다른 나. 여행의 묘미라고 하면 단연 이러한 것을 뽑을 수 있다. 이러한 묘미에 빠져 사람들은 대부분 '여행'이라는 단어에 설레고 들뜬다. 자신이 겪었던 여행의 즐거움, 기쁨, 그리고 행복과 설렘 등을 추억하게 된다. 여행이라는 것은 사전적으로 '일이나 유람을 목적으로 다른 고장이나 외국에 가는 일'이라는 뜻이지만 사람들에게 여행에 대해 물어보면 각자 다르다. 아마 사랑하는 사람이 생기면 함께 여행을 가고 싶은 이유는 둘만이 아는 비밀스러운 추억을 공유하고 싶어서일 것이다.　(학생의 글)

◑ 글의 방향 파악이 잘 안 된다. 여행이라는 큰 화제는 제시가 되었는데 이 화제를 어떤 방향으로 끌고 나갈지가 애매하다. 여행의 비밀스러운 측면인 듯도 하지만, 앞에 상관없는 내용들이 너무 많아 전체 방향을 잡기가 어렵다

2. 글의 시작 부분이다. 어떤 점이 매력적인지를 생각해보자.

이 책을 붙잡게 된 것을 후회하였다. 나는 고통에 익숙하지 않았고, 고통받을 준비도 되어 있지 않았다. 아무것도 몰랐기 때문이었다. 자동차의 헤드라이트가 유방을 닮았다는 이유로 페미니스트들이 항의했다는 우스꽝스런 루머를 진실이라고 생각 없이 믿고 있었을 만큼, 페미니즘에 무관심했었다. 그러나 이제 그 고통을 손에 쥔 듯 느낄 수 있다. 『페미니즘의 도전』이라는 책을 통해 처참한 자아 붕괴가 시작된 셈이다. '아는 것은 상처받는 것이다'라는 소제목을 본 뒤에 문득 예감했다. 이 책을 읽는 것이 고통스럽겠지만 그 고통이 새로운 욕구로 전환되리라는 것을.

(학생의 글)

개성 있는 시작이다. '페미니즘'이란 화제를 제시하면서, 그간의 무지에서 벗어나 새로운 시선을 획득하는 과정을 서술하겠다고 글의 구체적인 방향을 밝히고 있다. 또한 삶의 새로운 욕구를 만들어줄 고통스러운 깨달음을 얻겠다는 글의 목표를 명료하게 밝히고 있다.

3. 글의 끝 부분이다. 마무리가 잘 되었는지 평가해보자.

① 햄버거는 값싸고 간편하게 먹을 수 있는 대표적인 패스트푸드다. 그러나 햄버거 하나에는 서구문명이 육식문화를 확장시키면서 생긴 환경문제, 식량문제, 차별의 문제 등이 상징적으로 함

축되어 있다. 사람은 무엇을 먹고 사는가에 의해서 그 정신도 변화한다. 햄버거를 거부하는 것은 비윤리적이고 폭력적인 육식문화를 거부하는 출발점이다. 나의 윤리적 선택에서 육식문화 패러다임을 변화시켜 나가야 한다. 육식에서 자유로운 세계, 인간과 환경이 평화롭게 공존하는 세계를 꿈꾸어 본다.　　　(학생의 글)

◐ 요약과 주장으로 이루어진 가장 일반적인 마무리의 형식이다. 그런데 요약 부분이 너무 장황하게 길어 뒷부분의 주장이 약화된 느낌이다. 또한 주장하는 부분에서도 마지막 문장에서 어조가 급격하게 변화되어 매우 어색하다. 끝에서 갑자기 너무 주관적이고 감상적인 태도가 되니, 글 전체의 인상이 약화된다.

　②대학 캠퍼스에 거대한 상업적 건축물이 들어오는 것이 보편적인 경향으로 굳어져가고 있다. 영화관에 고급 커피숍은 물론 쇼핑 상가까지도 캠퍼스에서 공존하고 있으며, 화려한 건축물 안에서 자본으로 칠갑된 아카데미즘이 소비되고 있다. 대학의 새로운 건축물은 기능적이고 상업적 인간만을 양산할 위험이 있다. 거대자본의 편의에 너무 쉽게 익숙해지지 말고, 그러한 문화 공간이 어떻게 대학생의 의식을 규정하고 조정하는지를 비판적으로 감시해나가야 한다.　　　(학생의 글)

◐ 최근 대학으로 침투해 들어오고 있는 상업적 건축물이 대학생의 의식을 지배한다는 문제를 다루고 있는 글이다. 본문에서 다룬 내용을 종합적으로 요약하고 마지막에 주장을 강조하고 있어서 안정된 마무리의 형식을 보여준다. 마지막의 주장도 간결하게 잘 전달된다.

2. 문단의 대활약

나누어야 보인다

글이 시작과 중간과 끝으로 이루어졌다는 것은 글을 최소한 세 개의 문단으로 분절할 수 있다는 의미이다. 필요하다면 더 세분해서 나눌 수도 있을 것이다. 문단은 구성의 문제와 긴밀하게 연결되어 있고 글을 이어가는 실제적인 단계 역할을 한다.

그런데 한국 학생들의 글쓰기에서 제일 큰 문제는 문단 개념이 없이 글을 쓰는 것이라고 한다. 그냥 적당히 나누고 싶은 곳에서 나누고, 기분이 내키지 않으면 아예 나누지 않고 죽 써내려간다. 심지어는 한 개의 문단으로만 된 글을 써서 주위를 당황시켰다는 이야기도 있다. 문단을 나누지 않는다는 것이 도대체 왜 문제가 될까?

어떤 사물이든지 나누어져 있지 않으면 이해하기가 어렵다. 띄어쓰기가 없는 이상(李箱)의 시 작품들은 모든 글자가 붙어 있다는 것 그 자체로 새로운 의미를 만들어낸다. 나누어져 있지 않은 것들은 특별한 호기심을 불러일으키기는 한다. 하지만 그 안에 무엇이 들어있는지 짐작할 수 없기 때문에 접근하기가 어렵다. 문단의 구분이 없이 하나로 이어져 있는 글도 당황스럽기는 마찬가지다. 그 안에 어떤 내용이 몇 가지나 들어있는지를 오롯이 독자가 찾아내야 한다. 이런 글을 읽으려면 미로를 헤치고 나갈 용기를 내야 한다.

문단은 생각의 흐름을 일정한 기준에 의해서 나누어 놓은 것이다. 글에는 몇 개의 생각들이 이어져 있는데, 때로는 문장 하나로, 때로는 여러 문장으로 각각의 생각들이 표현된다. 문단은 의미가 비슷한 것끼리 모아서 생각의 덩어리들을 정리해서 표시해주는 역할을 한다. 문단을 나누는 것에서 비로소 글의 최소 의미항들이 정돈되기 때문에, 문단을 글의 '최소 단위'라고 말하기도 한다.

내비게이션

문단은 눈으로 확인할 수 있다. 들여쓰기가 된 곳은 새로운 문단이 시작된다는 뜻이다. 신문의 사설을 읽는데 들여쓰기를 한 부분이 세 군데라면, 이 글은 세 문단의 글로서 3개의 중심내용으로 구성되어 있으리라는 것을 예측할 수 있다. 전체적으로 문단의 크기가 균등하게 되어 있다면, 감정의 기복이 없이 무난하고 안정적인 논리로 글이 진행되리라는 것도 예상할 수 있다.

문단은 이렇게 먼저 글에 대해서 보여준다. 내용이 대략 몇 단계로 구성되어 있고 어떤 호흡으로 흐르는지를 문단을 통해 가시적으로 확인할 수 있다. 글을 처음 보았을 때, 맨 먼저 눈에 들어오는 것은 문단의 구성이다. 몇 개의 문단이고 어떤 문단이 크고 작은지를 확인하고 글의 큰 흐름을 머릿속에 그리면서 글을 읽어나가게 된다.

따라서 문단은 자기 글에 대한 내비게이션의 역할을 한다. 문단을 충분히 활용하면 아무 말을 하지 않고도 글에 대한 가장 중요한 정보를 전해줄 수 있다.
문단을 나누지 않은 글은 내비게이션의 도움을 일부러 거절한 셈이 된다. 문단을 최대한으로 활용하면 목적지까지 글을 안

날 잘 활용해봐!
내가 안내해줄게!

전하고 효율적으로 이끌고 나갈 수 있다.

눈덩이의 법칙

문단이란 눈덩이와 비슷하다. 눈을
뭉쳐서 눈사람을 만든 경험을 되살려
보자. 가장 먼저 할 일은 좋은 눈을
골라서 두 손 가득히 움켜쥐고는 작
고 단단한 눈뭉치를 만드는 일이다.
잘 부서지지 않도록 힘을 주어 정성

잘좀뭉쳐줘!

껏 만들어야 한다. 견고한 눈뭉치가 만들어졌다면 이번에는 필요
한 크기만큼 키워야 한다. 눈을 더 붙이기도 하고 눈밭에 굴리기도
하면서 점점 큰 눈덩이로 만들어간다. 이때 흙이나 낙엽 같은 불순
물이 들어가면 잘 뭉쳐지지가 않고 모양 또한 예쁘지 않다. 하나의
눈덩이가 만들어지면 또 하나의 눈덩이를 똑같은 과정을 거쳐 완
성한다. 두 개를 연결하면 2단 눈사람, 3개를 완성하면 3단 눈사
람이 될 것이다.

작고 단단한 눈뭉치처럼 문단에도 중심이 되는 핵심어가 있다.
핵심어는 단어 하나일 수도 있고, 때로는 몇 어절로 구성될 수도
있다. 핵심어를 기준으로 하여, 이것을 도와줄 문장들이 모여서 하
나의 문단을 만들어낸다. 도와준다는 말은 핵심어를 구체적으로
풀어서 설명해주고, 이것이 수긍할 만한 것이 될 수 있도록 다양한
근거를 만들어준다는 것을 의미한다. 예를 들기도 하고 비교를 하
기도 하고, 때로는 묘사나 논증을 해서 핵심어를 그럴듯한 것으로
만들어주는 것이 보조문장의 역할이다. 핵심어는 마치 자석처럼
강력한 자장으로 보조문장들을 잡아당겨 문단을 만든다.

'햄버거와 아마존의 눈물'이 어떤 문단의 핵심어라고 가정해보자. 아무 설명이나 근거도 없이, 햄버거 한 개가 아마존의 원시림을 파괴할 수 있다고 한다면 누가 거기에 동의할 수 있을까? 다진 고기 한 장을 만들어내기 위해서 얼마나 많은 곡물과 넓은 목초지가 필요한지, 그리고 현실적으로 목초지를 만들기 위해서 아마존이 심각하게 훼손되고 있는지에 대해 구체적인 근거가 제시되어야 한다. 눈뭉치가 눈덩어리로 불어나듯이, 핵심어는 관련된 내용들을 자석처럼 끌어들여 풍성하고도 안정된 문단을 만든다.

연결의 전략

A4 용지 한 장 정도의 짧은 글은 대부분 약 5개 내외의 문단으로 구성되어 있는 경우가 많다. 전체적으로 문단의 크기가 균등하게 배치된 글이 있는가 하면 어떤 글은 문단의 크기가 다양하기도 하다. 신문 기사는 각각의 문단을 짧게 구성해 주요 정보가 일목요연하게 부각되도록 하는 경우가 많다. 예시가 풍부한 사색적인 글은 문단이 큰 경우가 대부분이다. 글의 호흡이 길기 때문에 문단도 함께 길어지는 것이다. 글에도 강세가 있어서 긴장감이 커진다든가 강조해야 할 곳에서는 문단의 크기도 달라진다. 특별한 부분에서는 문단이 특별히 커지거나 작아진다.

핵심어를 담은 중심문장이 맨 앞에 나오는 두괄식 문단은 내용을 명료하게 전달한다는 장점이 있다. 중심문장을 먼저 내세우고 보조문장이 뒤에서 받쳐주는 식이기에 내용 파악이 쉽고 안정감이 있다. 그런가 하면 중심문장을 가운데에 두거나 문단의 맨 마지막에 두는 구성도 있다. 문단마다 비슷한 위치에 중심문장을 두는 것도 글을 안정감 있게 진행시키는 좋은 방법이다.

문단과 문단은 유기적으로 연결되어야 한다. 내용적으로 화제의 범주에서 벗어나지 않으면서도 무언가 새로운 내용으로 앞 문단을 이어나가야 한다. 새롭다는 말은 화제가 구체화되는 것 또는 전환되거나 확대되는 것 등, 여러 가지 상황을 의미한다. 예를 들어 청바지에 대한 글을 쓴다면 청바지라는 화제를 대상으로 하여 "① 청바지의 기원 → ② 청바지의 역사 → ③ 청바지와 문화 권력 → ④ 청바지로 본 경제적 양극화"로 화제가 조금씩 바뀌면서 문단이 이어질 수 있다. 화제의 범주는 같지만 새로운 내용들이 유기적으로 이어지는 것이다.

지시어나 접속어를 사용하여 문단과 문단의 연결관계를 직접 표시하기도 한다. '그', '그것'이나 '그러나', '그런데' 등의 말은 문단과 문단의 논리적 관계를 지시해준다. 또는 연결문장을 사용하는 것도 좋다. 위에서 예로 든 청바지에 대한 글의 두 번째 문단이 "청바지의 역사에서 살펴보았듯이 청바지는 하나의 문화를 창출해가는 권력이기도 했다"라는 문장으로 시작했다고 가정해보자. '역사'라는 핵심어로 앞 문단과의 연결성을 확인해주면서 '권력'이라는 단어로 새로운 문단의 핵심어를 제시해주고 있다. 연결문장은 앞의 문단을 정리해주면서 새 문단을 자연스럽게 열어주는 역할을 한다.

비슷한 예들이 나열되는 경우, 문단마다 동일한 문장을 같은 자리에 사용해서 문단의 연결성을 강조할 수도 있다. 예를 들면 다른 민족이나 인종을 배타하는 폐쇄적인 민족주의의 문제점을 논하는 글에서 문단마다 끝에 "~ 우리는 정말 하나인가"라는 문장을 반복적으로 배치했다고 해보자. 민족주의의 문제점을 나열하는 구성상, 글이 자칫 지루해지기가 쉽다. 하지만 문단마다 동일한 문장을 후렴구처럼 반복해서 씀으로써, 문단이 진행될수록 의미가 강조되며 주제를 효과적으로 부각시키는 역할을 할 수 있다.

문단은 생각의 단위이며 논리의 매듭이다. 문단의 완성도는 곧 글의 완성도의 비례한다고 말할 수 있을 정도로 문단은 글쓰기의 핵심이다.

접속사

접속사는 문단과 문단의 관계를 표시해주면서 문장의 흐름을 자연스럽고도 분명하게 만들어주는 역할을 한다. 접속사를 정확하게 사용해야 문장의 의미가 분명해지며 글의 논리가 살아난다.

접속사의 대표 주자인 '그리고', '그러나', '그러므로' 등은 너무도 익숙해서 별 고민 없이 사용할 수 있다. '그리고'는 의미가 맞서지 않고 자연스럽게 연결되거나(해가 떴다. 그리고 기온이 조금씩 올랐다), 앞의 의미에 의미를 더할 때 사용한다(해가 떴다. 그리고 비도 갰다). '그러나'는 반대의 상황을 나타낼 때(해가 떴다 그러나 날이 밝아지지는 않았다), 어떤 원인이나 과정에 대한 결과를 말할 때는 '그러므로'를 사용한다(해가 떴다. 그러므로 샛별은 더이상 보이지 않을 것이다).

이렇게 익숙한 접속사도 정확하게 사용하기 위해서 미묘한 의미의 차이를 고려해야만 한다. '그런데'와 '그러나'를 두고 갈등하는 경우가 있다. 다음 괄호 안에는 둘 중에 어떤 것이 들어가야 할까?

돈은 중요하다. (   ) 사랑이 더욱 중요하다.

먼저 '그런데'를 넣어 볼 수 있다. '그런데'는 화제를 바꿀 때 쓰는 것이다. '그런데'를 넣었다면, 지금까지는 '돈'에 대한 이야기를 했는데 이제는 '사랑'이라는 것으로 화제를 바꾸겠다는 것을 의미한다.

하지만 단순히 화제를 바꾸려는 의도가 아니라 돈이 아닌 사랑이 더 중요하다는 것을 강조하고 싶었다면 상황은 달라진다. '그런데'를 넣어서는 이런 의지가 전달되지 않는다. 이때 넣어야 할 것은 '그러나'이다. '그러나'는 부정의 의미만 있는 것이 아니라 강조의 의미도 있다. '그러나'가 들어가는 순간 돈과 사랑은 강력한 대조의 대상이 된다. '그러나'라는 접속사에 의해 돈이 아니라 사랑이 훨씬 중요하다는 의미가 부각되며 사랑에 스포트라이트가 비추어진다.

접속사는 말을 이어주는 것뿐이 아니라, 논리적 관계를 지시하고 강조하기에 문단 전체의 의미를 좌우하는 중요한 역할을 한다.

문단을 활용하는 방법
1. 문단은 글의 정보를 가시적으로 보여주기에 내용에 맞게 나누어야 한다.
2. 문단은 핵심어와 보조문장으로 이루진다.
3. 문단과 문단은 지시어나 접속사를 활용해 유기적으로 연결해야 한다.

Thinking & Writing

1. 한 문단으로 구성되기에 적절한 내용인지를 생각해보자.

오늘 아침 따뜻한 커피 한 잔과 소보로 빵 하나를 샀다. 가격은

700원, 싸다! 곰보가 잘 펴져 있는지 확인한다. 이제 포장을 뜯는다. 달콤함이 입 속에 향긋하게 퍼질 순간이다. 빵 포장을 뜯고 달콤한 곰보 한 조각을 씹는다. 달콤함 속에 문득 아르바이트를 했던 빵집의 제빵사 언니가 생각난다. 그리고 이 빵을 빚고 곰보를 올렸을 누군가도 생각해본다. 아마도 무심하게 이 빵을 빚었을 그들의 얼굴에는 가장의 책임감도, 20대의 꽃다운 청춘도 묻어 있었을 것이다. 이 빵 조각에서 우리네 이웃의 모습을 발견했을 때, 이 소보로 빵은 달콤한 700원짜리 빵 한 덩이가 아니라 누군가의 인생과 나의 삶을 공유하게 해주는 일용할 양식이 되었다.

(학생의 글)

◉ 한 문단에 너무 많은 내용이 들어있어서 읽을 때 숨이 차다. 긴 이야기가 한꺼번에 쏟아져 나와서 공감할 틈이 없다. '빵 한 개와의 만남', '빵이 불러일으키는 추억', '빵 한조각과 삶의 무게' 등을 화제로 문단을 3개쯤 나누어 쓰면 글이 더 살아날 것 같다.

2. 문단이 핵심어를 중심으로 잘 구성되었는지를 평가해보자.

① '음악'의 뜻을 풀어보면 '음을 즐기는 것'이라는 뜻이다. '음학' 즉 '음'을 공부하고 배우는 것이 아니다. 음을 내면서 연주하는 사람이 즐거워야 하는 것이 음악의 본질인 셈이다. 그러나 많은 음악인들은 이 본질에 충실하기가 어려운 것 같다. 음악이 그들의 취미가 아니라 세상을 살아가는 수단이기 때문이다. 예를 들면 음악을 전공하는 어린 학생들부터가 그렇다. 어려운 입시를 앞두고 그 누가 진정 음악을 즐길 수 있을까? 곡을 조금이라도 빨리 완성하기 위해서 항상 서둘러야 하고, 혹여 어느 부분이 매끄럽게 연주되지 않으면 불안에 떨며 초조한 시간을 보내야 한

다. 입시가 끝나도 마찬가지다. 무대에 서야 하는 압박감은 입시보다는 덜 하지만, 매우 공포스럽다는 점에서는 다를 것도 없다. 무대는 고독한 공간이다. 무대에서는 아무도 나를 도와주지 않고 오로지 나와 대면해야 한다.

◐ '음악은 즐기는 것', 이것이 문단의 핵심어다. 음악은 원래 즐기는 것인데도 불구하고 왜 그럴 수가 없는지를 경험에 근거해서 다양한 예를 들어 서술하고 있다. 그런데 마지막에서 '무대 공포증'으로 화제가 변화해 문단이 불안정해졌다. 불순물이 섞여 단단하게 뭉쳐지지 않는 눈덩이처럼 결속력이 약해서 문단이 위태롭다.

② 조나단 스위프트는 『걸리버 여행기』에서 계란 깨는 방법을 둘러싼 논쟁이 전쟁으로 비화되는 에피소드를 제시하면서 사회적 관습이나 이념은 경직되기 쉽다는 것을 경고했다. 취향이나 습관에 불과한 것을 버릴 수 없는 가치인 것처럼 신봉하여 두 나라는 계속 전쟁을 해야 했다. 이처럼 관습이란 자칫 그것을 추종하는 개인을 맹목적으로 만들고, 더 나아가서는 다른 가능성이나 다른 세계를 이해하는 것을 방해한다.

◐ 사회적 관습을 맹목적으로 추종하는 것이 문제가 있다는 것을 주장하는 문단이다. 『걸리버 여행기』를 예시로 들어 의미를 설명하고, 그것을 바탕으로 마지막 중심문장에서 주장을 도출하고 있다. 핵심어를 보조문장들이 잘 뒷받침하고 있어서 문단이 안정되어 있다.

3. 문단의 핵심어를 찾아보고 핵심어, 중심문장, 보조문장을 정리해보자.

① 4년간의 대학 생활은 성적을 따는 데 급급한 시간이었다.
② 듣고 싶었지만 성적이 잘 나오지 않는다는 이유로 포기한 수
업도 많았다. ③ 이 와중에 신문마다 대학 졸업생 중에서 쓸 만한
인재가 없다고 불평하는 기사가 한 가득이다. ④ 기업인들은 대
학이 뭘 가르치는지 모르겠다며 대학교육이 실무 위주로 변경되
어야 한다고 주장하기도 한다. ⑤ 이런 주장은 평가 한 줄도 없이
곧이곧대로 기사화된다. ⑥ 실용적 교육을 외치는 사회 분위기를
비판하는 목소리는 미미하기만 하다. ⑦ 대학교육의 목표는 기
업이 요구하는 인간을 기르는 실무교육으로 급격하게 변질되고
있다.   (학생의 글)

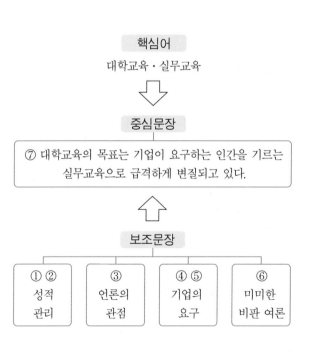

핵심어

대학교육·실무교육

⇩

중심문장

⑦ 대학교육의 목표는 기업이 요구하는 인간을 기르는
실무교육으로 급격하게 변질되고 있다.

⇧

보조문장

| ①② 성적 관리 | ③ 언론의 관점 | ④⑤ 기업의 요구 | ⑥ 미미한 비판 여론 |

4. 문단과 문단이 잘 연결되어 있는지를 평가해보자.

　　학교 바로 옆에 집이 있었다. 학교가 항상 그 자리에 있었지만 그곳에 학교가 있다고 느낀 건 한참 자란 후였다. 늘 지나는 익숙한 길이지만, 막상 거기 무엇이 있는지 생각하려면 정확하게 떠오르지 않는 것처럼 학교는 나에게 그런 존재였다. 유년의 어느 날 방안에 누워있는데 어떤 소리가 들려왔다. 바로 학교에서 나는 소리였다. '학교' 하면 상상하게 되는 시끌벅적한 소리가 아니라 모든 학생들이 수업을 하러 들어가 텅 비어있는 운동장에서 들리는 소리였다. 고요하고도 적막하면서도 뭔가 나직하게 두런거리는 소리였다. 그 동안 항상 났던 소리였을 텐데도 그날 처음 그 소리에 귀를 기울이게 되었다. 마음이 따뜻해지며 기분이 좋았다.

　　그 소리에 이끌리듯이 즐거운 마음으로 초등학교에 입학했다. 창문으로 내다보기만 하던 학교를 다닌다는 사실이 너무 기뻤다. 그러나 직접 다니게 된 학교는 너무 낯설었다. 큰 건물들, 무서운 선생님, 친구들이 두렵기만 했다. 점차 학교생활에 익숙해지고 친구들과 재미있는 학교생활을 했다. 하지만 학교에서 어린 시절에 경험했던 그 소리를 어디에서도 느낄 수는 없었다. 그렇게 초등학교 시절이 지나갔다.

　　그런데 다시 학교에서 그 소리를 발견한 것은 고등학교 때다. 학교에서 보내는 시간이 많았기에 학교가 그만큼 친근해졌다. 조용한 학교가 좋아서 쉬는 날에도 친구들과 학교에 가서 공부를 하곤 했다. 학생이 별로 없는 학교에서는 고요하면서도 두런거리는 소리가 났다. 또 수업시간에 선생님의 심부름으로 잠시 복도에 나오면 어릴 적 느끼던 바로 그 소리를 느낄 수 있었다. 수많은 아이들이 마음에서 내는 소리 같은 그 나지막한 소리가 참 좋았다..

　　이런 소리를 내는 학교가 정말 좋다. 그래서 나는 오랜 꿈인 교

사가 되고 싶다. 교사가 되어 다시 학교로 돌아가 그 나지막하면
서도 평화로운 소리를 꼭 다시 느껴보고 싶다.

◎ '소리'라는 중심어가 반복적으로 제시되어 문단의 연결성이
자연스럽다. '그'나 '그런데', '이런' 등이 논리적 연결성을 보여준
다. 동일한 화제가 반복되면서도 "처음 느낀 학교의 소리 → 소리
가 없어진 시대 → 소리의 재발견 → 교사에 대한 꿈"으로 화제가
조금씩 새롭게 변주되며 교사에 대한 꿈이라는 주제로 점점 이어
진다. 마지막은 문단의 크기가 다른 문단에 비하여 작은데, 이것이
주제를 강조하는 역할을 자연스럽게 한다.

3. 논리와 논증

논리라는 접착제

갑자기 마술사의 망토 속에서 호랑이 한 마리가 나타난다. 공중
에 걸려 있는 불타는 링을 가볍게 통과한 호랑이는 홀연히 허공 속
으로 사라져간다.

어떻게 이런 일이
가능한지 놀랍지
만, 마술의 세계
에서는 그 이유를
굳이 설명할 필요
가 없다. 마술은

논리

논리로 탄탄하게
지은 셋째 돼지의
집은 끄떡 없었대~

설명이 어려울수록 오히려 재미있고 신비롭다. 그러나 일상의 세계는 다르다. 모든 일에는 앞뒤가 연결되는 순서가 있으며 이에 따른 결과 또한 어느 정도 예측 가능하다. 합당한 순서를 생략하거나 무시하면 문제가 발생하게 된다.

말이나 글이 이치에 맞게 앞뒤가 잘 연결되어 있을 때 '조리'가 있다 또는 '논리'가 있다고 말한다. 논리라는 말은 신문의 사설이나 법정의 판결문에서만 사용되는 것이 아니라, 일상생활의 도처에서 숨 쉬고 있다. 그날에 어울리는 옷을 고르는 사소한 일, 누구에게 투표해야 하는가의 정치적 선택, 또는 이웃나라 전쟁에 파병을 할 것인지 등의 중대한 국가적 사안에 이르기까지 일상은 선택의 연속이며, 모든 선택에서는 말이 되는 합당한 이유가 있어야 한다. 즉 논리가 필요하다.

글은 나의 생각을 남에게 건네는 것이기 때문에 '논리'가 더욱 필요하다. 남의 고개를 끄덕이게 하려면 앞뒤가 그럴듯하게 잘 연결되어 있어야 한다. 아마도 세상의 모든 글은 "~ 하기 때문에 나는 이렇게 생각하다"라는 한 줄로 요약할 수 있을 것이다. 감상문이건 논술문이건 수필이건 모든 글은 합당한 근거를 바탕으로 자신의 주장을 펼친다. 이때 근거와 주장을 연결해주는 접착제가 바로 논리다.

하나의 문단에서도 중심생각이 설득력 있게 제시되려면 그 문단이 논리적으로 전개되어야 한다. 문단과 문단의 연결에서도 마찬가지다. 각 문단의 중심생각과 조리 있게 이어져야 주제가 참이 된다. 주장하려는 것이 말이 되어야 설득할 수 있고 말이 되어야 감동을 줄 수 있다. 그래서 좋은 글이란 논리적인 글이기도 하다.

미팅의 논리

어떤 여학생이 첫 미팅을 했는데 아주 잘생긴 남학생이 나왔다. 이야기를 해보니 성격이 매우 이기적이었다. 두 번째 미팅에서도 잘생긴 남학생이 나왔는데 이번에는 신경질적인 사람이었다. 이런 경험들을 바탕으로 여학생은 결론을 내렸다

〈경험1과 결론〉

A는 잘생겼는데 이기적이다
B는 잘생겼는데 신경질적이다 ⇨ 따라서 잘생긴 남자는 성격이 나쁘다

그런데 여학생은 곧 새로운 경험을 하게 되었다. 세 번째 미팅을 나갔는데 아주 잘생겼으면서도 헌신적인 성격의 남학생을 만나게 되었다. 그래서 다시 결론을 바꾸었다.

〈경험 2와 결론〉

C는 잘생겼는데 헌신적이다 ⇨ 따라서 잘생긴 남자는 성격이 좋다.

여학생은 이제 과연 타당한 결론을 내린 것일까? 첫 번째는 부정적인 경험만을 바탕으로 내린 편파적인 결론이다. 두 번째 역시 긍정적인 경험만을 바탕으로 내린 또 다른 편파적인 결론이다. 하나의 대상에 극단적인 양면이 동시에 있다면 어느 하나만을 선택해서는 안 될 것이다. 잘생긴 남자의 성격이 좋을 수도 있고 나쁠 수도 있다는 것은 외모와 성격이 별로 상관없다는 말이다. 따라서

외모와 성격은 사람에 따라 다르다고 결론을 내리는 것이 더 합리적일 것이다.

위에서 여학생이 그랬듯이, 어떤 결론을 내리려면 자신의 경험을 바탕으로 판단을 하게 된다. 그러나 개인의 경험이란 한정되어 있기에 거기에서 도출되는 결론은 잠정적인 가설일 뿐이다. 경험이 풍부해질수록, 경험에 대해 균형감을 가질수록 결론은 점점 진리에 가까워질 수 있다.

이때 중요한 것은 길잡이가 되어줄 수 있는 지식이다. 보편적으로 인정받는 지식의 도움을 받아서 자신의 경험을 취사선택한다면 진리에 보다 가까워질 가능성이 높아진다. 인간이란 복잡한 존재이며 내면과 외양이 일치하지 않는다는 인간에 대한 이해가 있었다면, 여학생은 첫 번째의 경험에서도 편파적인 결론을 내리지 않았을 것이다.

논리란 구체적인 경험과 일반적인 원리(진리) 사이에서 균형감을 획득하는 일이다. 부지런히 지식을 축적하고 풍부하게 경험을 쌓아나가야 한다. 인간의 지식이 구축한 일반적인 진리의 세계와 자신이 경험해가는 구체적인 현실 사이에서 균형 있게 판단하고 선택할 수 있어야 글도 논리적으로 쓸 수 있다.

파워 논증

적절하고 올바른 근거로 자신의 주장을 설득력 있게 뒷받침해나가는 과정을 논증(論證)이라고 한다. "~ 하기 때문에 나는 이렇게 생각한다"에서 확인한 것처럼 모든 글에는 근거와 근거를 바탕으로 한 주장이 있다. '근거'와 '주장' 혹은 '전제'와 '결론'이 어떻게 연결되느냐가 좋은 논증을 만드는 관건이 된다. 논리적인 글을 쓰기 위해서는 논증의 네 가지 기준을 반드시 익힐 필요가 있다.

중요한 아침 수업에 지각을 하고 말았다. "~ 이유(전제)로 어쩔 수없이 지각을 했다(결론)"라고 교수를 설득해야만 벌점을 피할 수 있다. 이러한 상황에서는 어떤 점에 주의를 해야 지각이 불가피했다는 것을 논증할 수 있을까?

전제의 수용가능성

전제는 상식적으로 받아들여질 수 있는 것이어야 한다. 만약 집에 있는 알람시계 5개가 한꺼번에 고장이 나는 바람에 지각을 했다고 한다면, 과연 누가 이런 말에 고개를 끄덕일 수 있을까? 상식적으로 일어나기 어려운 일이다. 일반적인 경험이나 상식에서 볼 때, 누구나 그러하다고 여길 수 있는 전제가 제시되어야만, 그에 따른 결론도 참이 될 수 있다.

전제와 결론의 연관성

전제와 결론은 연결되어 있어야 한다. 만약 아이티에서 대지진이 나서 지각을 했다고 하면 어떨까? 아이티에서 지진이 난 것(전제)도 참이고 내가 지각한 것(결론)도 참이지만 이 논증은 성립될 수 없다. 전제와 결론이 서로 관계가 없기 때문에 두 개가 연결되면 거짓이 되고 만다. 좋은 논증이 되려면 전제와 결론은 내용상 서로 긴밀하게 이어져야만 한다.

전제의 충분성

결론의 근거가 되는 전제는 적절하고 충분해야 한다. 열이 나서 지각을 했다는 것은 얼핏 말이 되는 것 같지만 이것만으로는 부족하다. 열 때문에 병원에 가야 했고, 진료시간이 수업시간과 겹쳤으며, 이른 시간에 문을 연 병원이 그곳밖에 없었다는 사실까지 제시해 준다면 더 충분한 전제를 확보할 수 있다. 전제는 결론을 안정되게 지지해 줄 수 있을 만큼 적절하고 충분해야 한다.

반론의 대비가능성

아무리 좋은 논증을 구성했다고 할지라도 반론의 가능성은 항상 있게 마련이다. 자신의 주장에 대해서 가장 쉽게 나올 수 있는 반론이 무엇인지를 입장을 바꾸어 생각해보는 과정이 꼭 필요하다. 아무리 이유가 있다고 해도, 학생에게 수업은 그 무엇보다도 중요한 것이 아니냐고 교수가 반격해온다면 어떻게 될까? 이런 원칙적인 반격에 대해서는 항변하기는 어렵다. 따라서 이런 반론에 대비하여 학생으로서 수업의 소중함을 무엇보다도 잘 알고 있지만, 그럼에도 지각할 수밖에 없었던 이유를 미리 마련해 두어야 한다. 예를 들면 정말로 중요한 수업이라서 관련된 자료를 새벽까지 읽으며 예습하다가 깜박 잠이 들어버렸다는 전제 정도를 이러한 반론에 대비해서 준비할 수 있을 것이다.

위에서 정리한 '논증의 네 가지 조건'은 글을 쓸 때도 글을 읽을 때도 논리를 바로 잡는 좋은 기준이 된다. 문단 단위에서는 이 조건이 어떻게 실현되고 있으며, 각각의 문단과 주제 사이에서는 어떻게 실현되는지를 단계별로 검토해보아야 한다.

좋은 논리와 논증의 조건

1. 논리를 세워야 남의 고개를 끄덕이게 할 수 있다.
2. 논리는 일반적 원리와 개별적 경험 사이에서 균형을 잡는 일이다.
3. 수용가능한 전제를 만들자.
4. 전제와 결론은 연관성이 있어야 한다.
5. 전제는 충분해야 한다.
6. 반론에 대비해야 한다.

Thinking & Writing

1. 점심을 김밥 체인점에서 해결하는 경우가 많다. 왜 점심식사로 1,500원짜리 김밥을 선택하는지를 생각해보니 이유가 참 많았다. 이런 근거들을 바탕으로 "김밥은 어떠하다"라는 결론을 내리려고 한다. 어떠한 결론이 가능할까?

〈김밥을 사먹는 이유〉

싸다.

가까운 곳에 있다.

따뜻하다.

한 줄로도 허기를 때울 수 있다.

국물도 마실 수 있다.

간단하게 먹을 수 있다.

지겹다.

맛이 없다.

영양이 부족하다.

10분이면 해결할 수 있다.

● 김밥에 대한 부정적인 전제들만을 생각한다면 "김밥은 최악의 음식이다"라는 결론을 낼 수 있을 것이다. 반대로 긍정적인 전제들을 고려하면 "김밥은 최고의 음식이다"라는 결론도 가능하다. 하지만 둘 다 균형 감각이 떨어진다. 상황에 따라 김밥에 대한 만족도가 달라진다는 것을 다양한 경험을 통해 알 수 있었다.

그렇다면 전제를 보다 구체화하여 "김밥은 돈이 없고 바쁠 때는 참 좋은 음식이다"라는 결론을 낼 수 있을 것이다.

2. 다음 글을 전제와 결론으로 정리해보자.

한비야의 『걸어서 지구 세 바퀴 반』 시리즈는 전문 배낭 여행자들에게 비판받는 부분은 있지만, 서점에서 여전히 스테디셀러를 차지한다. 아직까지 여행물의 출판 상황이 그만큼 땀내 나고 생생한 콘텐츠를 생산하고 있지 못하기 때문이다. 최근의 대부분의 여행서들은 우아하게 멋진 여행가방을 끌고 인천공항을 가로지르며 이국의 향취를 꿈꾸는 이야기만 부각시킨다. 만석 비행기의 좁은 좌석에서 꼼짝없이 10시간을 갇혀 있어야 하는 장시간 비행의 공포는 모른 체한다. 또한 여행지에서 만난 사람들이 살아가는 현실적인 이야기는 별로 없다. 여행자의 고독을 수식하는 그럴듯한 문장만이 가득하다. (학생의 글)

● 전제 1 : 대부분의 여행서에는 이국의 향취만 그려져 있다.

전제 2 : 장시간의 비행 공포를 다루지 않는다.

전제 3 : 여행지의 경험보다는 내면의 고독만을 강조한다.

전제 4 : 한비야의 책은 이런 면을 극복했기에 스테디셀러다.

결론 　 : 여행물 출판계는 여행에 대한 생생한 콘텐츠를 생산
하고 있지 못하다.

3. 문단을 전제와 결론으로 나누어보고 논증의 구성을 평가해보자.

　　대부분의 사람들은 여행을 가면 강박적으로 셔터를 누른다. 여
행 후에 남는 것은 며칠만 지나면 들여다보지 않을 감흥 없는 사
진들뿐이다. 우리는 충분히 현재에 집중해야 하는 상황인데도 미
래를 위한 결과물을 남기기 위해서 현재를 온전히 살아가지 못하
게 된다. 현재를 온전히 사는 것이 가장 중요하다. 요즘 많은 사
람들이 과거에 대한 집착과 후회 때문에 또는 미래에 대한 두려
움 때문에 지금 이 순간을 즐기지 못한다. 우리가 살아가면서 해
야 하는 일은 지금 순간순간을 최대한 집중해서 잘 보내는 것이다.

(학생의 글)

🡲 전제 1 : 사람들은 여행에서 불필요한 사진만 찍는다.

전제 2 : 우리는 미래나 과거 때문에 현재를 즐기지 못한다.

결론 　 : 지금 현재의 순간에 집중해서 잘 보내야 한다.

🡲 평가

'전제 1'은 수용가능하지 않다. 여행에서 얻은 소중한 사진도
있다. 그리고 '전제 1'과 '전제 2'가 잘 연결되지 않아 흐름이
어색하다.

4. 앞에서 만들었던 '햄버거의 개요'를 논리의 관점에서 평가해보
자. 문단별로 전제를 정리하고, 전제와 결론이 좋은 논증의 조
건을 충족시키고 있는지를 살펴보자.

전제 1 : 햄버거는 먹기에는 간단하지만 생산되고 유통되는 과정
은 매우 복잡하다.

전제 2 : 육식문화의 상징인 햄버거는 전세계적 소고기 유통 시스
템과 관련되어 있다.

전제 3 : 거대한 목축지는 생태계를 파괴하며 환경오염을 심화시
킨다.

전제 4 : 곡물이 사료로 쓰이면서 인간과 인간과의 갈등도 커진다.

전제 5 : 인간은 먹는 것으로부터 자유롭지 못하다.

전제 6 : 햄버거를 먹는 것은 윤리적 선택의 행위이며 구조를 변화
시키는 출발점이다.

전제들은 수용가능하며, 전제와 전제가 연관된다. 전제가 적절
하고 충분해서 결론을 내는 데 무리가 없다. 그런데 반론의 가능성
에 대비하고 있지 못하다. 지나친 육식문화가 자연생태계를 파괴
하는 면이 있지만, 생태계를 파괴하는 더 큰 원인들도 있지 않을
까? 햄버거만으로 환경오염과 생태계 파괴를 주장하는 것은 논리
적 비약이라는 반론이 가능하다. 따라서 이러한 반론에 대비해야
한다. 환경오염의 다른 여러 원인이 있지만, 햄버거의 소비는 일상
적인 먹거리와 환경문제를 연결시킨다는 점에서 개개인에게 중요
한 문제제기를 한다는 전제를 추가할 수 있다.

chapter 3

숨 쉬는 글의 지도

숨 쉬는 글의 지도

1. 간결해서 좋은 문장

아주 예민한 살결

아무리 화제와 주제를 잘 정하고 문단을 논리적으로 구성했다고 해도, 문장에 문제가 있으면 좋은 글이 될 수 없다. 머릿속의 생각은 문장으로 표현되어야만 생명을 얻게 된다. 글이 제대로 살아서 숨을 쉬게 하려면 생각을 담아줄 정확하고도 적절한 문장이 필요하다.

모국어인 한국어로 글을 쓸 때는 문법 같은 것에 특별히 신경을 쓰지 않아도 쉽게 문장을 만들 수 있다. 그러나 좋은 문장을 쓸 수 있다는 것은 익숙하게 모국어를 다룬다는 것과는 별개의 문제다. 문장은 글의 표면적 의미는 물론 숨겨진 생각이나 감정까지 전달해준다. 문장은 글의 생생하고도 예민한 살결이다. '아' 다르고 '어' 다르다는 말처럼, 획 하나의 작은 변화에도 민감하게 반응한다.

그래서 작가들은 조사 하나를 두고도 고민한다고 한다. 소설가 김훈이 장편소설『칼의 노래』의 첫 문장을 쓴 이야기는 유명하다. "버려진 섬마다 꽃은 피었다"라고 첫 문장을 썼지만 왠지 마음에 들지 않았다고 한다. 작가는 몇 날 며칠을 생각하다 드디어 문장을 고칠 수 있었다. "버려진 섬마다 꽃이 피었다" 즉 조사 '은'을 '이'로 바꾼 것이다.

단지 조사 한 자가 바뀌었을 뿐일까? '은'은 앞의 말을 특별하게 만들어 의미를 한정한다. 꽃'은' 피었다고 한다면, 다른 것은 제대로 피어나지 못하는 상황을 은연중에 암시하게 된다. 섬을 바라보는 작가의 주관적 시선이 개입된다. 하지만 꽃'이' 피었다고 하면, 그냥 객관적인 사실의 세계를 서술하고 있을 뿐이다. 봄이 왔고, 꽃이 피었을 뿐이다. 작가의 시선보다는 자연의 원리가 더 부각된다.

좀 과장을 하자면, 문장 하나를 써낸다는 것은 곧 새로운 세상을 만들어내는 일이다. 조사 하나로 섬을 바꿀 수 있고, 세계를 바꿀 수 있다. 내가 발견한 세계를 어떻게 정확하게 담아낼지 문장의 예민한 살결에 생명을 불어넣으려는 노력이 필요하다.

누가 어떠하다

한국의 명문장을 하나 꼽으라고 하면 조선 초기에 만들어진 「용비어천가」의 2장을 들고 싶다.

> 불휘 기픈 남ᄀᆞᆫ ᄇᆞᄅᆞ매 아니 뮐씨, 곶됴코 여름 하ᄂᆞ니
> (현대역) 뿌리 깊은 나무는 바람에 흔들리지 않으므로, 꽃이 좋고 열매가 많다.

500여 년도 훨씬 전의 문장인데도 이해하기 쉽다. 나무, 뿌리, 꽃, 열매 등 어려운 단어는 하나도 없다. 화려한 수식도 없다. 문장은 간결하지만 그 뜻이 깊어 좋은 문장의 기본조건이 무엇인지를 잘 보여준다.

문장을 쓸 때 염두에 두어야 할 사항은 경제성의 원리이다. 즉, 최소한의 표현으로 최대한의 효과를 얻을 수 있어야 한다. 어려운 단어를 많이 쓰거나 문장을 길게 썼다고 해서 좋은 것이 아니다. 가장 적절한 최소한의 단어만으로 원하는 뜻을 정확하게 얻어내는 것이 중요하다.

우리말 문장에서 가장 기본적인 형식은 "누가 어떠하다(또는 누가 무엇을 하다)"이다. 「용비어천가」도 '나무'(누가)가 "바람에 흔들리지 않는다"(어떠하다)의 형식으로 되어 있다.

문장을 써놓고 보면, 머릿속의 생각과 만들어진 문장이 달라서 계속 고치게 되는 경우가 생긴다. 고치다보면 더 좋아지는 것이 아니고 점점 문장이 복잡해진다. 이럴 때는 "누가 어떠하다"의 기본형을 기준 삼아서 문장을 간결하게 나누어볼 필요가 있다.

같은 내용을 어렵고 복잡한 문장으로 쓴다면, 문장력이 부족한 것이다. 「용비어천가」 2장의 내용으로 문장을 만들어보라고 하면, 이렇게 표현하는 학생도 있을 것 같다.

바람에 의한 흔들림이 없는 뿌리 깊은 나무는
꽃의 아름다움과 열매의 풍부함을 갖게 된다.

뜻은 비슷한 것 같은데 문장이 복잡해져서 의미가 쉽게 전달되지 않는다. 주어인 나무를 꾸미는 말이 너무 길고 서술어도 어색하다. 기본 형식인 "누가 무엇을 하다(어떠하다)"에서 크게 벗어나 있다. '나무'라는 주어에는 '~을 갖다'보다는 '흔들리지 않는다'라는 서술어가 자연스러우며, '꽃의 아름다움'보다는 '꽃이 아름답다'는 쪽이 이해하기 쉽다. 말은 많은데 오히려 뜻은 잘 전달되지 않으니 문장의 경제성이 크게 떨어진다.

짧 게

문장은 짧아야 좋다. 문장이 길어지면 비문이 될 위험성이 높아진다. 문장이 길어지면 필요 없는 내용이 반복적으로 들어갈 가능성도 훨씬 높아진다. 문장이 짧아야 된다는 말은 가능하면 주어와 서술어가 한번만 들어가는 단문(短文) 형식이 좋다는 뜻이다. 주어를 꾸며주는 부분이 너무 길어진다든지, 문장 안에 또 다른 문장이 여러 개 숨어 있으면, 문장이 꼬이게 된다. 여러 개의 문장이 한 문장으로 길게 연결된 경우도 마찬가지다.

다음 문장은 주어를 꾸며주는 부분이 너무 긴 데다가, 뜻이 비슷한 단어들이 함께 쓰이고 있다. 어떻게 더 짧고 간결하게 고칠 수 있을까?

> 간결한 요약문 한 장을 쓰기에도 버거운 나의 글쓰기는 아직도 힘들다.

'나의 글쓰기'를 꾸미는 문장이 너무 복잡하고 길다. "누가(나의 글쓰기)가 어떠하다" 식의 기본형으로 바꾸어야 한다. '힘들다'와 '버겁다'도 의미가 반복되므로 하나를 빼는 것이 좋다

⇨ 나의 글쓰기는 아직 간결한 요약문 한 장을 쓰는 것도 버겁다.

훨씬 간결해졌고 의미도 더 잘 전달이 된다. 그런데 '나'가 등장을 하기 때문에 이 경우에는 '글쓰기'가 아니라 '사람'을 주어로

하는 것이 좋겠다.

⇨ 나는 아직도 간결한 요약문 한 장도 잘 쓰지 못한다.

"누가 무엇을 하다"의 기본 형식면서도 사람이 주어가 되었다. 간결하면서도 뜻이 정확하게 전달된다.

다음 문장은 여러 내용이 한 문장으로 길게 이어져서 혼란스러운 경우이다. 내용별로 문장을 끊어주어야 의미가 명료해진다.

대중들의 의식 속에는 민족주의를 강조하는 주입식 교육에 의한 자민족에 대한 집착이 존재하며 이것은 다른 민족에 대한 극단적인 배타성을 유발한다.

한 문장 안에 크게 세 개의 내용이 들어 있다. 이 내용으로 문장을 나누어 보면 다음과 같다.

⇨ 대중들은 민족주의를 강조하는 주입식 교육을 받아왔다.
자민족에 대한 집착이 강하다.
다른 민족은 극단적으로 배타한다.

일단 이렇게 정리를 해놓고 보니 내용이 훨씬 쉽게 이해된다. 이 세 문장을 접속사나 지시어를 사용해서 세 문장으로 나누어 써도 좋고, "누가 어떠하다"의 기본형을 고려해서 다시 한 문장으로 고쳐보아도 좋다.

예 1 : 대중들은 민족주의를 강조하는 주입식 교육을 받아왔다.

그래서 자민족에 대한 집착이 강하다.

반면에 다른 민족을 극단적으로 배타한다.

예 2 : 대중들은 민족주의를 강조하는 주입식 교육을 받아왔기

에, 자민족에 대해서는 집착하면서 다른 민족에는 배타

적이다.

쉽 게

문장이 어려워지는 또 다른 이유는 어려운 한자어나 추상적인 어휘들을 지나치게 많이 사용하는 것이다. 대학 글쓰기에서는 어려운 주제가 주어지는 경우도 많기에 어휘의 수준도 그만큼 올라갈 필요가 있다. 하지만 쉬운 말로 표현할 수 있는 데도 어려운 말을 굳이 끌어들여서 의미가 오히려 모호해졌다면 효율적이지 않다.

나는 이미 낡은 교복을 진부함의 상징으로 인식해온 상황이었다.

⇨ 나는 이미 낡은 교복을 진부함의 상징이라고 생각해왔다.

⇨ 나에게 이미 낡은 교복은 진부했다.

이 문장에서 '상황'이라는 어휘는 별로 필요가 없다. 인식해왔다는 것이 이미 어떤 상황을 전제하고 있다. 또한 낡은 교복이 진부하다고 느껴온 것이기 때문에, 사물을 깨달아 알게 된다는 뜻의 '인식(認識)'이라는 어휘도 부적절하다. 더 익숙한 어휘인 '생각했다' 정도로도 충분히 의미가 전달된다. '생각'이라는 말조차도 빼버리고 '진부하다'는 메시지 자체만 강조한다면, 마지막 문장처럼

더 간결하게도 표현할 수 있다.

우리말 어휘는 50% 이상이 한자어로 되어 있고, 글을 쓸 때는 일상에서는 잘 쓰지 않는 어려운 말들을 선택해야 하는 경우도 많다. 하지만 이런 말들을 필요 이상으로 사용하면 의미가 모호해지면서 문장이 어려워진다.

요즘 학생들은 외국어에 너무 익숙해서인지 우리말 문장을 외국어를 번역해놓은 것처럼 어색하게 쓰는 경우가 많다. 다음 문장들은 어쩐지 불편하므로 다음과 같이 고쳐볼 수 있다.

민주주의에서 권력은 국민으로부터 나온다.
　⇨ 민주주의에서 권력은 국민에게서 나온다.

경험에 의거해서 간곡한 충고를 했다.
　⇨ 경험에서 간곡한 충고를 했다.

각자에게는 사전에 의견을 피력할 기회가 주어져 있다.
　⇨ 각자는 사전에 의견을 피력할 수 있다.

고난을 당하도록 운명지어졌다.
　⇨ 고난을 당할 운명이다.

두 사람은 섬세한 영혼을 지니고 있다는 점에서 남이라고 말하기에는 너무도 닮아 있다.
　⇨ 두 사람은 남인데도, 영혼이 섬세하다는 점에서는 매우 닮았다.

인간은 먹지 않으면 안 된다.
　⇨ 인간은 먹어야만 한다.

조사 하나로 충분한 상황에서 조사를 굳이 여러 개 쓸 필요는 없다. 비슷한 말을 반복해서 쓰거나, 능동으로 써도 가능한 것을 굳이 수동으로 쓰면 문장은 길어지면서도 그 뜻은 간접적이 된다. 강조를 위해서 이중부정을 하는 것도 별로 우리말답지 않다. 우리말은 수동보다는 능동 표현이, 이중부정보다는 긍정적 표현이 더 자연스럽다. 간결하면서도 쉽고 명료하게 뜻을 전달할 수 있어야 우리말의 살결이 살아난다.

매직워드의 함정

문장이 잘 안 풀릴 때 신통하게 듣는다는 마법의 단어(magic words)가 있다. 어떤 말로 문장을 시작해야 할지 고민될 때, 이 매직워드를 갖다 쓰면, 아무리 어려운 부분일지라도 바로 문장을 시작할 수 있다고 한다.

- 현대사회에서 인간은
  - ⇨ 전에 없는 물질적 풍요를 누리고 있다.
  - ⇨ 환경오염이라는 전지구적 문제를 경험하고 있다.
  - ⇨ 사이버 공간에서 많은 시간을 보낸다.
  - ⇨ 복잡다단한 사회적 관계 속에서 살아간다.

물질적 풍요, 환경오염, 사이버 공간, 사회적 관계 등 이렇게 주제가 다른 데도 전부 사용할 수 있는 것을 보니 매직워드가 분명하다. 이와 비슷한 것이 '오늘날 우리들은', '유사 이래 인류는', '현대인은' 등의 말이다. 이것들은 그 자체의 의미가 매우 넓어서 뒤의 내용을 특별히 제한하지 않는다. 이렇게 어디에다 붙여도 통용되는 말을 '매직워드' 또는 '빅워드'라고 하는데, 이런 말들은 글을 자연스럽게 시작하게 해주고 큰 무리 없이 의미가 통하기 때문에 편리하게 사용할 수 있다.

하지만 너무 의미가 두루뭉술하다보니 글의 인상이 흐려질 위험이 다분하다. 이런 말이 글의 첫머리에 나오면 읽기도 전에 장황한 느낌을 주면서, 창의적이지 못할 것 같다는 인상을 준다. 매직워드가 끝머리에 와도 마찬가지다. 지금까지 애써 주장했던 논리가 풀어지는 느낌이 든다. 왠지 자신감이 부족해 보이기까지 한다.

매직 워드는 사용하기에는 편리하다. 하지만 매직워드를 선택할 때마다 글의 개성은 분명히 떨어진다. 매직워드와 쉽사리 타협하지 않는 태도가 좋은 문장을 만들어낸다.

든든한 국어사전

좋은 문장을 쓰려면 어휘력이 풍부해야 하고 어법이나 맞춤법에 대한 지식도 필요하다. '혼동(混同)'이나 '혼돈(混沌)' 같은 어휘는 엇비슷해서 어렵다. 쌍둥이가 너무 닮아 둘을 '혼동'하는 것이고, 인생길에서 갈피를 잡지 못하면 '혼돈'에 빠지게 된다. 선남선녀(善男善女)라는 말도 잘 생긴 남자 여자라는 뜻으로 쓸 때가 많지만, 평범하고 착한 사람들이라는 뜻이다. 야밤도주라는 말을 많이 쓰는데 정확하게는 야반도주(夜半逃走)다.

이런 말은 엇비슷해서 실수하기 '쉽상'이라고 하면 틀린 것이다. '십상'이라고 해야 한다. 열 가운데 여덟아홉은 거의 예외 없이 그렇다는 뜻의 한자어 십상팔구(十常八九)에서 나온 말이다. '오지랖이 넓다는 것'은 발이 넓어 아는 사람이 많다는 뜻이 아니다. 오지랖은 옷의 앞자락이라는 뜻이고, 옷을 펄렁거리면서 주제넘게 남의 일에 간섭하고 다닌다는 뜻이다. 익숙한 말이라도 사전을 찾아보아야 실수 없이 쓸 수가 있다.

너는 나와는 성격이 '틀리다'라고 말했다면, 친구의 성격을 비난한 말이 되고 만다. 성격은 서로 '다를' 뿐이다. 또 '가르치다(敎)'와 '가리키다(指)'를 구별하지 못하고, 심지어는 '가르키다(?)'라는 새로운 말까지 만들어 쓰는 사람이 있는데 이런 실수는 하지 않아야 한다. '로서'(자격격 조사-종군기자**로서** 전쟁에 참가했다)와 '로써'(도구격 조사-신제품 개발**로써** 불황을 극복했다)를 구별하지 못하는 것도 마찬가지다. 열심히 <u>일하므로</u> 결실을 얻을 수 있을 것이고, 열심히 <u>일함으로써</u> 실연의 고통을 잊을 수 있다. 인과 관계를 나타내는 '-하므로'와 수단을 의미하는 '-함으로'도 학생들이 자주 실수하는 말이다. 너무 기본적인 사항을 틀리게 되면, 글 전체의 신뢰도가 떨어진다.

영어사전이나 일어사전은 애용하면서도 국어사전은 멀리 했었다면 습관을 바꾸어야 한다. 세계에서 한국어로 된 문장을 가장 잘 쓸 수 있는 사람이 우리 자신이다. 우리말로 된 글만큼은 누구보다도 정확하고 아름답게 쓸 수 있다는 자신감과 자부심이 필요하다. 국어사전이라는 든든한 친구가 있다. 글을 쓸 때는 반드시 국어사전을 옆에 끼고 있든가 국립국어원 사이트의 '표준국어대사전' 창을 열어놓고 있어야 한다.

> 좋은 문장을 쓰는 방법
> 1. 문장의 기본은 "누가 어떠하다" 또는 "누가 무엇을 하다"다.
> 2. 문장은 가능한 짧게 끊어야 한다.
> 3. 추상어는 최소한으로 사용해야 문장이 쉽고 명료해진다.
> 4. 매직워드는 함부로 쓰지 않는다.
> 5. 항상 국어사전에서 단어의 정확한 의미를 확인해야 한다.

Thinking & Writing

1. 다음의 문장을 "누가 무엇을 하다(누가 어떠하다)"의 형태로 바꾸어 보자.

각 개인의 정체성의 건강한 확립이 이 문제를 해결할 수 있다.
　⇨ 각 개인이 건강한 정체성을 확립해야, 이 문제를 해결할 수
　　 있다.

너의 회사 취직을 축하한다.
　⇨ 네가 회사에 취직한 것을 축하한다.

한국의 도로 사정은 일본의 그것보다 더 열악하다.
　⇨ 한국이 일본보다 도로 사정이 더 열악하다.

이성을 바탕으로 한 기술발전에 대한 두려움을 갖지 않은 사람들
은, 자연을 개발하는 것의 진보성을 믿었다.
　⇨ 사람들은 이성을 바탕으로 기술을 발전시키는 것을 두려워
　　 하지 않았고, 자연을 개발하는 것을 진보라고 믿었다.

2. 문장을 최대한 간결하면서도 명료하게 고쳐보자.

아르바이트를 네 개씩 함으로써, 겨우 생계를 유지할 수 있었다.

⇨ 아르바이트를 네 개씩 해서, 겨우 생계를 유지할 수 있었다.

너무 많은 것을 내포한 포괄적인 말들을 많이 사용하면 글이 모호함이 강해진다.

⇨ 포괄적인 말을 많이 사용하면 글이 모호해진다.

학교가 너무 시골에 위치해 있어서, 학생의 대부분이 기숙사 생활을 한다.

⇨ 학교가 너무 시골에 있어서 학생들은 대부분 기숙사에서 산다.

푹 자고 따뜻하게 목욕을 하니 기분이 좋은 것 같다.

⇨ 푹 자고 따뜻하게 목욕을 하니 기분이 좋다.

자신과 같지 않은 타자를 피하는 것만이 아닌, 그와 끊임없는 교류와 대화, 소통을 하려는 마음과 시도하는 것만으로도 가치가 있는 일이다.

⇨ 자신과 다르다는 이유로 타자를 피하기만 해서는 안 된다. 그와 끊임없이 교류하며 대화를 시도해야 한다. 소통을 하려는 마음 자체가 가치 있는 일이다.

3. 다음 세 글을 비교해서 매직워드가 글에 어떤 영향을 주고 있는지를 생각해보자.

① 현대사회의 청소년이라면 해리포터를 모르는 사람은 없을

것이다. 남녀노소 누구나 좋아하는 이 책은 영국의 작가 J. K. 롤링이 쓴 것으로 시리즈로 나오면서 세계적으로 많은 독자를 끌어모았다. 또한 시리즈가 나올 때마다 재미있는 기록이 쏟아져나오기도 하였다.

② 현대인들은 꿈을 잃고 살아가는 경우가 많다. 그래서인지 비현실적 세계를 다룬 책들이 인기가 많은데, 그 대표작이 바로 해리포터 시리즈다. 마법의 세계를 이야기한 해리포터는 각박한 현실에 매어 사는 현대인들에게 폭발적인 인기를 누렸다. J. K. 롤링은 이 책으로 세계적인 갑부가 되었으며, 시리즈가 나올 때마다 단시간에 세계적인 베스트셀러가 되는 대기록들이 속출하였다.

③ 해리포터 시리즈는 출판될 때마다 전 세계적으로 수많은 기록을 남겼다. 제6권『해리포터와 혼혈왕자』의 경우를 보면, J. K. 롤링이 이 책을 완성했다는 속보가 전해지자 영국 쪽 출판 담당 회사인 블룸즈베리의 주가가 7퍼센트를 뛰어올랐다. 또한 이 책은 예매만으로도 베스트셀러가 되었고, 판매가 시작되자마자 24시간 만에 영국에서는 200만 부, 미국에서 690만 부가 팔렸다. 대기록을 만들어낸 원동력은 무엇일까?

▶ ①의 경우, 해리포터를 끌어내는데, 군이 '현대사회를 살아가는 청소년'이 등장할 필요가 있었을까? 의미 연결이 어색하지는 않지만, 매직워드가 특별히 하는 역할도 없으며 오히려 처음부터 지루하고 느슨한 느낌을 준다.

②에서는 '현대인'이라는 매직워드로 시작하니 따라오는 내용도 너무 일반적이다. 첫 문장만 보아도 전체 내용이 거의 짐작이 간다. 매직워드가 글을 재미 없게 만든 경우다.

해리포터의 대기록에 초점을 맞춘다면 매직워드를 쓰지 않고도 ③처럼 선명하게 시작할 수 있다.

2. 문장 이어나가기

가장 잘 어울리는 옷

하루 종일 시험공부를 해야 하는 날의 옷차림과 데이트하는 날 입는 옷차림은 다르다. 겨울 산에라도 오를 예정이라면 복장에 각별히 신경을 써야 한다. 무슨 일을 할 것인가에 따라 어떤 옷을 입어야 하는지가 결정된다. 문장을 이어나가는 전략도 마찬가지다. 글의 내용과 주제, 글의 분량, 글을 읽는 독자를 고려해서 거기에 가장 적합하게 문장을 전개해나가야 한다.

설명, 묘사, 서사, 논증. 이것은 문장을 이어가는 가장 기본적인 방법으로 흔히 진술(陳述)의 네 방식이라고 불린다. 설명은 어떤 일의 의미나 내용을 보다 알기 쉽게 밝혀주는 것이다. 묘사는 대상의 생김새, 모양, 느낌을 구체적으로 표현해내는 것이다. 대상을 본 것처럼,

만진 것처럼 생생하게 되살려낼 수 있다. 서사는 시간의 흐름에 따라서 사건을 전개하는 과정이다. 무슨 일이 왜 일어났는지 조리 있게 서술할 수 있다. 논증이란 설득을 목적으로 근거를 들어 증명하는 것이다. 이해시키려 할 때, 감각적으로 느끼게 할 때, 그리고 조리 있게 이야기를 전달할 때, 설득하려 할 때, 설명, 묘사, 서사, 논증의 진술방식을 각각 적절하게 선택한다.

기본은 논증

그림에 대한 글을 세 문단으로 쓴다고 하자. 그림을 자세히 검토해서 거기에 담긴 시대정신을 끌어내는 스토리라면 어떤 진술의 전략이 필요할까? 즉, 문장을 어떤 식으로 이어나가야 할까? 가장 기본이 되는 것은 '논증'적인 전개방식일 것이다. 이 그림에는 이러한 시대정신이 담겨 있다는 것이 글의 궁극적인 주제다. 따라서 이 글은 시대정신이라는 주제를 논리적으로 증명하는 문장들로 채워나가야 할 것이다.

'논증'이라는 용어는 좀 애매하다. 주장의 근거가 되는 문장을 이어나간다는 의미에서는 진술방식을 뜻하지만, 논증적 전개는 근거를 바탕으로 주장을 도출하는 논리적 구성의 일부분이 되기 때문이다. 그래서 논증적 전개방식이라는 말 안에는 논증적 구성이라는 의미가 내재되어 있다. '논증'이 모든 글에서 기본적인 진술방식이 되는 것은 바로 이 때문이다.

'콩국수에 얽힌 개인적인 추억'을 쓴 글과 '새로운 가족 개념이 필요하다는 것'을 주장하는 글은 색깔이나 주제가 다른 만큼 문장의 전개방식도 다를 수밖에 없다. 하지만 둘 다 무엇인가 어떤 생각을 일관되게 전하려 한다는 점에서는 비슷하다. 콩국수에 대한 글은 주관적인 감상이 주가 되는 글이겠지만, 좋은 글이 되려면 논리적인 주장을 하는 글과 마찬가지로 왜 콩국수에 얽힌 추억이 그토록 간절하고 소중한지 그 근거를 제시해야 한다.

따라서 논증은 글의 종류에 관계없이 가장 기본이 되는 문장의 전개방법이다. 모든 글은 무엇인가를 말하려고 한다. 궁극적으로 말하고자 하는 그 '주제'에 닿기 위해서 문장들을 이어가기에 글은 논증의 방식이 기본을 이룬다. 서사나 묘사, 설명은 이것을 뒷받침하는 구체적인 방법들로 활용된다.

서사와 묘사

어떤 긴 이야기를 조리 있게 서술해야 할 때가 있다. 오랜 시간 동안 전개된 사건을 간략하게 압축하거나, 복잡한 일을 인과적으로 정돈해야 할 때 서사적 진술방식이 필요하다. 서사적 진술은 큰 흐름을 간략하게 정리해 서술한다. 그런데 어떤 부분을 집중적으로 강조하고 싶을 때는 서사적 진술만으로는 부족하다. 이때에는 대상을 생생하게 재현해주는 묘사적 진술이 필요하다. 묘사는 확대와 강조의 역할을 한다.

4살 때 우리 가족은 아버지의 공부를 위해서 미국으로 가게 되었다. 아버지께서 공부하려는 뇌질환 분야가 당시에 한국에는 없었다고 한다. 장학금을 타서 겨우 가는 것이라 정말 형편이 안 좋았다. 살림살이도 빠듯하고 동생이 한 살이라서 부모님은 나에게 신경을 쓸 겨를이 없었다. 그래서 영어 한마디 모른 채 학교 유치원에 들어가게 되었다. 알아듣지도 못했고 물론 말 한 마디도 못했다. 말하는 것이 낙이었던 꼬마가 벙어리가 된 것이다. 벙어리!

우리 유치원 선생님은 굉장히 뚱뚱한 백인 여성이었는데, 작은
꼬마가 앉아있다는 것을 미처 못 보고는 의자에 앉으려해 나는
쥐포가 될 뻔했다. 순간적인 일이어서 뭐라고 외쳐야 할지 알 수
가 없었다. 목청을 다해서 그냥 악악 소리를 질러 간신히 위기를
모면했다. 화장실 가겠다고 말하고 싶었지만 입도 못 떼고 바지
에 쉬를 했다. 낯선 아이들은 모를 말로 수근거렸다. 데리러 오신
엄마 앞에서 배시시 웃었다. 사실 웃는 게 웃는 게 아니었다. 자
존심은 만신창이가 되어 있었다.   (학생의 글)

앞부분은 가족이 미국으로 건너가서 적응해가는 이야기가 압축
적으로 전개된다. 비교적 긴 시간 동안의 사건이 몇 줄로 간결하게
압축되어 있다. 이렇게 서사적으로 진행하면 이야기가 밋밋해지면
서 중심내용이 잘 나타나지 않을 수 있다. 그래서 강조하고 싶은
유치원에 간 첫날의 상황은 꽤 자세하게 묘사되어 있다. 서사와 묘
사가 섞여 있으니 이야기가 간결하게 진행되면서도 강조하고 싶은
중요한 부분은 생생하게 확장해서 전달할 수 있다.

설명의 다양한 방법

글을 쓸 때 가장 많이 사용하는 진술방식은 설명이다. '묘사'나
'서사'에 비해서 '설명'이라는 말은 일상생활에서도 자주 듣는다.
그만큼 두루 쓰인다는 뜻이다. 공부를 싫어하는 학생에게는 공부
가 왜 중요한지 '예시'를 들어주어야 하고, 둘 중에서 하나를 고르
려면 두 물건의 특성을 '비교'하거나 '대조'해야 한다. 어려운 개
념이 나오면 그 '정의'부터 다시 검토를 해야 하고, 피검사를 할 때
는 피의 성분을 '분석'해서 데이터를 '종합'해야 결과가 나온다.

'예시'를 드는 것도 '비교'를 하는 것도 '정의'를 하는 것도 '분석'과 '종합'을 하는 것도 다 설명의 일부분이다. 예시, 비교, 대조, 분석, 종합, 정의 등은 설명을 쉽게 하기 위한 구체적인 방법들이다.

인터넷에 연재되는 만화인 웹툰(webtoon)은 초기에는 한 컷짜리 시사만화가 대부분이었고 단순한 그림체로 에피소드 위주였다. 그런데 점점 극화 형식의 그림체와 연재형식으로 이야기가 전개되는 장편이 나타나기 시작했다. 최근에는 '다음', '네이버'와 같은 대형 포털 사이트에서 웹툰이 서비스되면서 많은 이들이 웹툰을 쉽게 즐기게 되었다. 특히 네이버와 다음의 경우, 수십 명의 만화가들을 프로로 고용하여 누리꾼들에게 웹툰을 무료로 제공한다. 인기 있는 웹툰의 경우 회당 댓글이 1,000여 개가 넘을 정도로 주목을 받고 있다. 웹툰의 인기에 힘입어 포털 사이트에서는 아마추어 작가들의 활동 또한 장려하고 있는데, 네이버의 '도전 만화가'나 다음의 '나도 만화가'와 같은 코너는 프로작가의 웹툰 못지않게 큰 인기를 누리고 있다.   (학생의 글)

웹툰이라는 용어가 생소한 사람이 읽어도 쉽게 이해할 수 있도록, 웹툰에 대한 다양한 정보가 제공된다. 웹툰의 정의를 내려주기도 하고, 웹툰의 변화 양상을 비교해주기도 한다. 현재 웹툰이 어떻게 운영되고 대중에게 폭발적으로 수용되는지도 구체적인 예시를 들어 설명해준다. 이처럼 설명의 다양한 방법을 잘 활용하면 정보를 이해하기 쉽게 전달할 수 있으며, 글의 내용도 풍성해진다.

전략적 배치

문장을 이어나갈 때는 어떤 내용을 어떤 진술방식에 담을 것인가를 선택해야 한다. 중심생각을 지지해줄 문장들을 어떻게 배치할 것인가? 어려운 용어가 나왔다면 일단 기본적인 의미를 정의해보고, 개념의 유래를 서사적으로 정리해줄 수 있다. 유사한 용어와 비교해서 쉽게 설명해볼 수 있을 것이다. 또한 그 용어가 통용되는 예시를 들어주어도 좋다. 설명의 방법을 잘 활용하면 문단이 풍부해진다.

실제로 글을 쓸 때, 어느 한 가지 진술방식만이 사용되는 경우는 거의 없다. 내용을 가장 효과적으로 전달할 수 있는 진술방식을 그때그때 선택해야 한다.

그해 겨울 380만 원은커녕 38만 원도 없었던 집안 형편 때문에, 등록금을 벌기 위한 전쟁에 홀로 나서야 했다. 점심때는 중식당에서, 저녁에는 한식 레스토랑에서, 밤에는 호프집에서, 주말에는 예식장에서, 그렇게 네 가지 일을 뛰었다. 하나가 끝나면 바로 다음 아르바이트 장소로 바쁘게 움직였다.

그러다 공사 중인 길에서 넘어져 무릎을 크게 다쳤다. 진물이 흘러나와서 하루 정도는 쉬어야 되는 상황이었지만, 아르바이트생이 아프다고 결석하는 것을 허락할 마음 넓은 사장님은 별로 없었다. 결국 진물이 흐르는 두 다리를 붕대로 칭칭 감고 접시를 날랐다. 유니폼 밖으로 피가 흘러나와도 감추며 일을 할 수밖에 없었다. 그날 손님의 담뱃불에 손등을 데었고, 나르던 냄비가 쏟아져서 발톱까지 부러졌지만 웃으면서 일해야 했다.

사랑니를 뽑아서 얼굴 한쪽이 팅팅 부어올랐던 날에도 한 손으로는 쟁반을 들고 한 손으로는 부은 얼굴에 찜질을 하면서 일해야 했다. 일하는 곳에서 다른 이유는 통할 수 없었다. '공부가 제일 쉬웠어요'라고 떠들어대는 공부의 신들을 보면 비웃었던 내가, '정말로 공부가 인생에서 제일 쉬운 일'이라는 것을 깨닫는 시간이었다.   (학생의 글)

학비를 벌기 위해서 아르바이트를 한 경험을 서술하고 있다. 공부는 상대적으로 쉬운 일이라는 것을 깨달을 정도로 밥벌이는 힘겨운 일이었다는 주제를 담고 있다. 돈을 버는 일이 얼마나 힘든 것인지 그 근거를 들어나가는 논증의 진술방식이 기본이 된다. 근거는 예시를 들어 설명하는 방식으로 제시된다. 첫째 문단에서는 사건의 전말을 개괄하기 위해서 서사적 진술이 두드러진다. 둘째 문단에서는 힘겨움을 강조하기 위해서 하나의 사건에 집중하는데 구체적인 묘사가 효과적으로 드러난다. 마지막 문단에서는 주제가 잘 드러나는 논증적 전개방식이 두드러진다. 논증, 서사, 예시(설명), 묘사가 상호작용하면서 노동의 수고로움을 깨닫는 주제를 효과적으로 부각시키고 있다.

문장을 이어가는 방법
1. 내용을 가장 효과적으로 서술할 수 있는 진술방식을 선택한다.
2. 논증을 바탕으로 설명, 서사, 묘사를 적절히 배치한다.
3. 긴 정보를 서술할 때는 서사를, 부분을 강조할 때는 묘사를 사용한다.
4. 설명의 다양한 방식을 활용하면 문단이 풍부해진다.

1. 햄버거의 개요로 글을 써나갈 때 어떤 진술방식을 선택할 수 있을지를 메모해보자.

    1문단 : 햄버거를 소비하는 행위와 만드는 과정의 대조 + 패티의 개념 정의

    2문단 : 햄버거가 소비되는 구조에 대한 서사적 진술

    3문단 : 소고기 산업에 따른 환경파괴의 구체적인 데이터 예시

    4문단 : 곡물을 사료로 쓰는 경우와 식량이 부족해 기아에 시달리는 경우를 대조

    5문단 : 육식을 욕망하는 것의 의미 분석

    6문단 : 경구의 인용 + 논증적 주장

2. 다음 글은 단원 김홍도의 「무동」이라는 그림을 보고 쓴 것이다. 중심내용이 무엇이며 이 중심내용을 강조하기 위해서 어떤 진술의 전략이 있는지를 살펴보자.

    풍속화는 민중들의 일상을 그려내는 그림이다. 조선의 풍속화 중에서도 민중들의 삶을 세밀하면서도 생생하게 담고 있는 김홍도의 작품은 압권이다. 김홍도의 그림에서는 당대의 문화와 정신, 그리고 흥취가 살아 숨쉬고 있다. 「무동」은 전통 악기인 장고, 향피리, 대금, 해금, 북을 연주하는 악사들이 둥그렇게 모여 앉아 있고 그 가락에 맞추어 소년이 춤을 추는 그림이다. 장구와 북 장단에 맞추어 피리가 가락을 뽑아내면 무동의 손발이 덩실덩실 움직인다. 장구 치는 사내의 손놀림이 점점 빨라지면서 북장단이 더욱 신나게 울리면, 향피리 가락도 더욱 숨 가쁘게 넘어간다. 얼씨구 하며 무동의 소맷자락이 하늘 높이 치켜 올라가더니 시원스

럽게 허공을 가른다.

○ 전반부에서는 그림의 내용을 설명한다. 풍속화를 정의하고, 김홍도 그림의 내용은 분석해준다. 그림에 대한 글이기 때문에 설명만 있으면 지루할 위험이 있는데, 뒷부분은 매우 묘사적으로 서술되어 실제로 그림을 보는 것 같은 생생한 느낌을 준다.

3. 글의 내용과 연관해서 어떤 진술방식이 사용되고 있는지를 살펴보자.

강남이라는 말은 크게 5가지 범주로 사용되고 있다. ① 서울의 한강 이남, ② 서울의 강남·서초·송파·강동구, ③ 서울의 강남·서초·송파구(흔히 강남 3구로 불림), ④ 강남·서초구, ⑤ 강남구 등이다. '강남'의 범주가 이렇게 다양하지만 일반적으로는 ③번과 ④번의 의미로 쓰인다.

그러나 일반적으로 '강남'이라는 말은 이러한 지리적인 위치보다는 어떤 고정된 이미지를 떠오르게 한다. 한국인들은 다양한 대중매체에서 강남에 대한 일정한 이미지를 획득한다. 명품이 진열된 화려한 쇼윈도, 높은 주상복합빌딩, 세련된 카페, 고급 주택가 등의 이미지는 사람들에게는 막연한 동경을 불러일으킨다.

강남에 대해 부정적 이미지를 가진 사람들도 매우 많은데, 그들조차도 기회가 주어진다면 강남 주민에 되고 싶다는 이중적인 생각을 하기도 한다. 동경과 거부의 이중 심리가 강남이라는 말에는 들어있다. 동경과 거부는 비단 심리적인 문제뿐만이 아니고 실제 강남이라는 지역이 가진 모순적인 속성이기도 하다.

(학생의 글)

○ 강남이 모순적 의미를 지닌 공간이라는 것을 주장하려는 글이다. 전체적으로는 논증의 진술방식이 사용되는데, 용어를 정의하고, 예를 들어주면서 사람들의 심리를 분석해 들어가고 있다. 설명의 다양한 방법을 이용하여 논증의 근거를 제시하는 전략을 사용하고 있다.

3. 고치기

남의 글을 보듯이

마지막 문장에 마침표를 찍으면 드디어 글이 끝난다. 만세를 부르고 싶은 순간이지만, 아직 때가 이르다. 글쓰기에서 빼놓을 수 없는 것이 퇴고의 단계다. 옛 사람의 말에 글을 고칠 때는 "원수의 글을 읽듯이 보아야 한다"고 했다. 이런 극단적인 태도까지는 아니더라도, 적어도 별로 가깝지 않은 타인의 글을 보는 듯한 자세는 필요하다. 남의 글을 보면서 무조건 고개를 끄덕이는 사람은 없을 것이다. 말이 되는지, 무슨 뜻인지, 신경을 써서 보게 될 것이다.

자기가 쓴 글을 고치는 일은 쉽지 않다. 자신이 만들어낸 글이기 때문에 논리적으로도 감정적으로도 글에 몰입이 되어 있다. 논리의 연결이 어색한 데도 글쓴이의 눈에는 매끄럽기만 하다. 문장이 너무 길고 호응도 맞지 않아 이상하지만, 글쓴이에게는 아무 문제도 되지 않는다. 글을 쓴 사람의 눈은 이미 자기 편이 되어 있기에 틀린 곳이 있어도 볼 수가 없다. '원수의 글을 읽듯이'라는 과장스러운 태도가 필요한 이유다.

초고에는 고칠 곳이 많을 수밖에 없다. 문단의 핵심이 잘 드러나지 않을 수도 있고, 예시가 부적절할 수도 있다. 문장이 전하고자 하는 내용을 전혀 담고 있지 못할 수도 있다. 과감하게 고치고 빼는 과정을 거쳐야 생각한 것을 제대로 담은 글이 만들어진다. 그래서 고치기는 제 2의 글쓰기 과정이며, 글을 낳기 위해서 겪어야 하는 마지막 진통이다.

질문과 대답

글을 고칠 때 맨 먼저 확인해보아야 할 것은 시작과 끝이 서로 호응하는가다. 글에서 던진 질문에 대답하고 있는가 또는 목표한 곳에 도달해 있는가를 다시 한 번 점검해야 한다. 시작 부분에는 중심 화제와 글이 나아갈 방향이 제시되어 있다. '교원평가제에 대한 생각은?' '행복의 조건은?' '신자유주의론의 문제점은?' '생애 마지막 3일 동안에 할 일은?' 등등 글을 쓰면서 최초에 던졌던 질문이 있을 것이다.

질문을 확인했다면 과연 그 질문에 대응되는 답이 글에 제시되어 있는지를 살펴보자. 교원평가제는 ○○ 이유로 현실적이지 못한 방안이며, 행복의 조건은 ○○○이라는 명확한 답이 필요하다. 시작 부분에서 햄버거 하나를 먹는 것의 의미를 물었으니, 끝에는 햄버거의 소비는 거대한 육식산업의 구조에 종속되는 행위이기에, 윤

처음과 끝이 호응해?

예상대로!

리적인 선택이 문제일 수밖에 없다는 대답이 제시되어야만 한다.

글쓰기는 질문과 대답의 과정이다. 자신이 던진 질문에 대해서 과연 성실하게 답하고 있는가? 그리고 그 답을 찾는 과정에서 적절한 근거들이 제시되었는가를 확인해야 한다.

마음의 거리

어떤 유명인이 큰 병을 앓다 죽음을 맞이하게 되었다. 침대에는 환자가 누워 있고 바로 옆에서 아내와 딸이 울고 있다. 조금 떨어진 곳에서 주치의가 안타깝게 환자를 보고 있다. 더 뒤에서는 유명인의 임종 장면을 그림으로 남기기 위해서 화가가 스케치를 하고 있다. 그리고 그 뒤에서는 이 지역의 신문기자가 유명인의 죽음을 기사로 쓰기 위해서 임종의 순간을 기다리고 있다.

동일한 대상을 바라보고 있지만 대상에 대해서 느끼는 심리적 거리는 모두 다르다. 대상과 가장 심리적으로 밀착되어 있는 사람은 가족이다. 슬픔에 빠져 더 이상 아무 생각을 할 수 없다. 주치의는 가족만큼은 아니지만 오래 보살펴 온 환자를 살릴 수 없어 마음이 아플 것이다. 화가는 슬픔을 느끼지는 않을 것이다. 하지만 이 장면을 생생하게 그려내야 하기 때문에 환자의 모습은 물론이고 방안의 분위기까지 세밀하게 관찰할 것이다. 신문기자는 마감시간 안에 기사를 쓰는 것 이외에는 이 상황에 대해 별 관심이 없다. 가족 → 주치의 → 화가 → 기자의 순으로 환자에게서 공간적으로 멀어질수록 마음의 거리 역시 멀어진다.

글을 쓰는 가장 적절한 위치는 아마도 화가의 자리일 것이다. 객관적으로 대상을 관찰하면서도 적절하게 관심과 애정이 유지되어야 하기 때문이다. 때로는 가족의 자리처럼 대상에 감정적으로 밀착되어 있기도 하고, 때로는 신문기자처럼 냉정하게 관찰해야 하기도 하지만, 전체적으로는 이 각도 저 각도에서 대상을 데생하듯이 거리를 유지하며 글을 쓰는 태도가 필요하다.

너무 뜨겁거나 너무 차가운 글은 좋지 않다. 주어가 '나'에서 어느새 '우리'가 되어서 나의 생각이 마치 우리 모두의 생각인양 서술이 되는 것은 대상에 너무 밀착된 경우다. 지나치게 개인적인 경험을 근거로 일반화를 시키는 것도 마찬가지다. 일반적으로 동의할 수 있는 개인의 편견을 기준으로 삼는 것도 문제가 된다. 느낌표를 연발하면서 주관적인 감정을 있는 대로 토로하는 것도 좋지 않다. 적절한 마음의 거리가 글에서 유지되고 있는지도 확인해야 한다.

진부함 털어내기

어디선가 많이 본 듯한 익숙한 말들이 여기저기 끼어 있다. 아이디어가 떠올라서 쉽게 썼었는데, 다시 보니까 너무 상투적으로 느껴지는 부분이 있다면 과감하게 없애는 것이 좋다.

공포영화에서 입에 칼을 문 귀신이 등장하려면 먼저 바람이 휙 불며 촛불이 꺼진다. 액션영화의 마지막에는 주인공은 끝까지 살아남은 악당과 한판 싸움을 벌인다. 괴물에 쫓기는 주인공이 가까스로 차에 도착하면 때마침 시동이 걸리지 않는다. 아무리 키를 돌려도 차는 꼼짝도 않는다. 괴물이 유리창

진부함

을 깨고 주인공에게 최후의 일격을 가하려는 순간에 시동은 마술처럼 걸린다.

물론 이런 상투적인 표현방식이 꼭 나쁜 것은 아니다. 생애 마지막 3일에 무엇을 할 것인가의 글에서 "내일 지구가 멸망해도 한 그루의 사과나무를 심겠다"는 말로 시작한다면 어떨까? 상투적인 표현은 어떤 면에서는 주제를 정확하고 쉽게 전달해 준다는 장점이 있다. 진지하고 고전적인 느낌도 줄 수 있다.

그러나 상투적인 표현은 익숙한 만큼 개성이 없다. 창의성을 떨어뜨린다는 것을 감수하고라도 꼭 넣어야 할 맥락이라면 최소한으로 간략하게 써야 한다. 자기 글에서 별다른 역할을 하지 못하고 있다면 빼야 할 것이다.

귀한 것은 늘 보석 같이 소중하고, 후회는 항상 강물처럼 밀려오며, 행복한 가족은 꼭 보글보글 된장국 끓는 소리로 표현된다. 진부하다. 진부한 표현은 긴장을 떨어뜨려서 애써 쓴 글을 가볍게, 빈약하게 보이게 한다.

살아 있는 제목

만약 과제로 낼 글의 제목을 '보고서'(또는 리포트, 또는 글쓰기 과제)라고 썼다면, 최악의 제목을 붙여준 것이다. 제목은 글의 얼굴이어서, 자신의 글을 가장 짧고도 인상적으로 소개하는 역할을 한다. '보고서'라는 제목은 그 모든 것을 포기한 말이다. 사람의 이름이 '사람'이 될 수 없듯이 '보고서'는 글의 제목이 될 수 없다.

제목은 마지막까지 고민해야 한다. 제목부터 잡고 글을 시작하는 경우도 많지만, 글을 다 써놓고 보면 원래 생각했던 제목으로는 무언가 부족하다. 전체의 흐름을 고려해 가장 잘 어울리는 제목을 다시 생각해야 한다.

제목을 붙이는 방법에는 크게 세 가지가 있다. 화제를 내세우는 것이 가장 일반적인 방법이다. "다문화 사회에서의 교육의 역할"이나 "역사란 무엇인지를 읽고" 같은 제목은 무엇에 대한 글인지 중심화제를 제목으로 내세운 것이다. 그런가 하면 주제를 직접 내세운 제목도 있다. "나는 아무도 숭배하지 않는다"나 "가르칠 수 있는 용기" 같은 제목은 말하고자 하는 바가 직접 드러난다. 주제가 너무 드러나는 것이 신비감을 오히려 떨어뜨리고 의미를 제한한다는 느낌이 든다면 비유적인 제목을 만들면 된다. "거울과 대형 스크린"이라는 제목은 자기 성찰을 하지 못하고 화려한 이미지에 현혹되는 세태를 비유적으로 강조하고 있다. "작은 뱀의 모험" 같은 자서전의 제목은 뱀 띠인 저자가 세상을 온몸으로 부딪치면서 살아가겠다는 의지를 비유적으로 표현하고 있어서 흥미롭다.

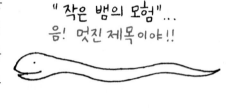

"햄버거와 육식문화"라는 제목은 화제만을 제시한 것인데, 이런 제목은 글의 큰 줄거리가 제시되어서 안정감이 있다. "햄버거 한 개의 윤리"라는 제목을 붙였다면 화제에다 주제를 더한 제목이 된다. "먹는 것도 윤리다" 또는 "육식을 넘어서"라고 제목을 고쳤다면 주제가 더욱 명료하게 드러나 강한 인상을 주는 장점이 있다. "햄버거의 비명"이나 "햄버거는 아마존을 눈물 흘리게 한다"라는 제목은 육식의 문제점을 비유적으로 표현한 것이다. 비유적 제목은 상상력을 불러일으켜 재미있다.

줄이면 좋아진다

글은 줄이면 좋아진다. 문장이 어색한데 어떻게 해도 잘 고쳐지지 않는다면 아예 삭제해야 한다. 새로 문장을 쓰는 것이 훨씬 좋은 방법이다. 문단이 무언가 장황한 느낌이 들고 중심생각이 잘 부각되지 않는다면, 엇비슷한 단어나 문장이 반복되고 있는지를 확인해야 한다. 반복되는 부분을 과감하게 생략하면 더 명료해진다.

글을 쓴 다음에 20% 정도 생략한다는 느낌으로 검토를 해야 한다. 줄이면 더 간결해지고 명료해진다. 힘들게 쓴 글을 삭제하려면 용기가 필요하다. 용기 있게 줄여야 좋은 글이 탄생한다.

글을 고치는 방법

1. 타인의 글을 보듯 객관적이고 냉정한 눈으로 원고를 검토하자.
2. 시작 부분에서 던진 질문에 글이 답하고 있는지를 확인한다.
3. 대상에 감정적으로 너무 밀착되어 있지 않았는지를 검토한다.
4. 진부하고 상투적인 표현을 삭제하자.
5. 제목은 글의 주제가 드러나도록 붙이자.
6. 글을 더 간결하게 줄이자.

Thinking & Writing

1. 대상과의 거리라는 측면에서 다음 글을 살펴보자.

갑자기 우주 한 가운데에 혼자 둥둥 떠 있는 듯한 기분이 든다. 묵직한 외로움이 한바탕 휩쓸고 지나간다. 갑자기 손끝이 차가워지는 것 같아서 두 손을 꼭 맞잡는다. 사람들이 떠들어대는 소리가 웅웅거리며 들리고 이제 막 태어난 새끼고양이처럼 어색한 눈빛으로 카페 안을 휘이 둘러본다. 저마다 무슨 이야깃거리가 있는지 삼사오오 둘러앉아 끊임없이 움직이는 사람들의 입과 눈. 생소하다. 이런 것이 까끌까끌한 이방인의 기분일까?　　　(학생의 글)

◐ 낯선 타자가 된 것 같은 느낌을 서술한 부분이다. 내면에서 일어나는 감정의 변화를 다양한 비유를 써서 표현하고 있는데, 자기감정에 너무 밀착되어 있어서 객관적 의미가 잘 전달되지 않는다. '둥둥 떠있는 기분'과 '묵직한 외로움' '차가움' 그리고 '새끼고양이의 어색한 눈빛'은 비슷한 정서로 이어져야 하는데, 표현이 서로 너무 이질적이다. 주관적 감정을 표현하더라도, 보편적으로 공감할 수 있게 써야 한다.

2. 객관적이고 냉정한 시선으로 다음 글을 고쳐보자.

　누군가를 지독히 사랑한다는 건 이미 패배한 것이다. 사랑에는 다양한 대상과 방법과 형태가 있지만 사랑의 본질은 소유욕이다. 사랑의 대상이 나만을 바라보게끔 하게 만들고 싶어하는 마음, 언제나 나를 생각하게 만들고 싶은 욕망, 그것이 소유욕이다. 사랑은 평등할 수 없다. 누군가의 사랑이 더 커야만 지속된다. 두 사람 사이의 사랑이든 여러 사람 사이의 사랑이든 사랑은 많이 주는 사람이 지는 것이다. 사랑을 주는 사람은 보상을 바라든 바라지 않든 상처받는다. 보상을 바라는 사람은 받지 못하기에 스스로 상처받고, 바라지 않는 사람은 자기도 모르는 사이에 지쳐간다. 인식하지 못하는 사이에 몸과 정신이 상한다. 소유욕이 커지면 독점욕이 생기게 마련인데 그 독점욕을 밖으로 다 드러내는 사람은 자신의 욕심에 의해 돌아오는 반작용 때문에 사랑하는 대상에게 거부당하거나 주변 사람들에게 외면당한다. <u>그래서 상처</u> <u>받는다.</u> 독점욕을 자기 안에서 키워가는 사람은 너무 갑갑해서 안으로 상처받는다. (학생의 글)

❂ "사랑 → 패배 → 소유욕 → 불평등한 사랑 → 독점욕" 순으로 의미가 전개되는데, 순서가 뒤얽혀 있어서 전체의 의미가 잘 전달되지 않는다. 특히 밑줄 그은 부분에서 보듯이 비슷한 어휘가 반복되어 혼란이 더해진다. 사랑을 하면 왜 상처를 받게 되며, 왜 패배자가 되는지 그 의미가 선명하게 전달될 수 있도록 문장을 재배열해야 한다. 또한 유사한 어휘와 문장은 과감하게 삭제해야 한다. 다음과 같이 고쳐볼 수 있다.

누군가를 지독히 사랑한다는 것은 패배자가 되는 것을 각오하는 일이다. 사랑은 평등할 수 없다. 누군가의 사랑이 더 커야만 지속된다. 그런데 사랑을 많이 주는 사람은 상처를 받는다. 보상을 바라는 사람은 받지 못하기에 상처받고, 바라지 않는 사람은 자기도 모르는 사이에 지쳐가기에 상처받는다. 사랑의 본질은 소유욕인데 소유욕은 더 나아가 독점욕을 불러온다. 독점욕을 다 드러내면 결국 사랑하는 대상에게 거부당하거나 주변사람들에게 외면당한다. 그렇다고 독점욕을 자기 내부에서만 키워가면 갑갑해서 안으로 상처를 받는다.

3. 앞에서 공부해온 과정을 모든 적용해서 햄버거에 대한 글을 완성했다. 이 글을 어떻게 고쳐야 할지를 객관적인 시선으로 검토해보자.

"햄버거 한 개의 윤리"

패스트푸드점에서 햄버거 하나로 식사를 하는 일이 이제 자연스러운 일상이 되었다. 햄버거는 간편하고 값싸게 한 끼를 해결하게 해주지만, 햄버거가 만들어지는 과정은 매우 복잡하다. 특히 햄버거 안에 들어있는 다진 고기인 패티 한 장은 아주 복잡한 여정을 거쳐서 탄생한다. 햄버거 한 개를 먹는 순간, 육식산업의 거대한 메커니즘에 접속하게 된다.

먹고, 소비하는 문제는 더 이상 한 개인 또는 한 지역의 문제가 아니다. 거대한 물류가 이동하고 소비되는 세계화의 경제구조와 긴밀하게 연관된다. 햄버거는 서구적 육식문화의 상징이다. 실제로 미국에서 햄버거가 대량 소비되면서 소고기 소비가 급격하게 증가되었고, 햄버거는 미국식 육식문화를 세계에 확산시키는 첨병 역할을 했다. 고도로 산업화된 거대한 축산단지와 전세계적 소고기의 유통 시스템이 햄버거 소비 뒤에 숨겨져 있다.

이런 거대 소고기 산업은 지구의 생태계와 경제체제에 치명적인 영향을 준다. 약 13억 마리의 소가 사육되면서 세계적으로 경작지의 24%가 목축지로 사용된다. 소를 키우는 땅이 늘면서 대기오염, 토양오염, 수질오염이 심화된다. 목축지는 미국, 멕시코는 물론 브라질까지 확산되는데, 0.25파운드의 패티 한 장이 만들어지려면 아마존의 열대우림이 손실되어야 한다. 그래서 20여 종의 식물과 100여 종의 곤충, 다양한 동물 등을 포함한 74kg의 생명체가 파괴되어야 한다는 조사자료도 있다.

특히 곡물로 키운 소의 소비가 늘면서 수억 명이 먹을 수 있는 식량을 소가 먹는 상황이 벌어진다. 지구의 북반구 쪽에서는 지나친 육식으로 비만과 성인병에 시달리는 반면, 반대편에서는 만성영양실조와 기아에 허덕이는 사람들이 많다. 소떼가 지구 환경을 위협하고 있으며, 소가 오히려 사람을 먹게 되는 역설적 상황이 벌어진다. 지나친 육식은 지구 생태계 전반에 심각한 불균형을 가져오면서 인간과 자연의 공존은 물론이고 인간과 인간의 공존에도 큰 갈등요소가 된다.

사람은 자신이 먹는 것으로부터 자유롭지 못하다. 무엇을 먹는가는 무엇을 욕망하는가의 문제이며, 또한 무엇을 정복하고 소유해야 하는가의 문제를 의미하기 때문이다. 육식을 욕망하는 것은 소를 효율적으로 키우고 도살해서 싼값에 나의 밥상으로 불러들이는 일련의 과정을 용인하는 일이다. 그런데 소고기는 공장에서 찍어내는 물건이 아니기 때문에 더 많이 욕망할수록 지구 생태계에 심각한 불균형이 만들어진다.

「아마존의 눈물」이라는 다큐멘터리에서 목축지로 개발하기 위해서 엄청난 양의 열대우림이 불태워지는 장면이 나왔다. 오늘 이곳에서 먹은 햄버거 하나와 아마존은 공간적으로 너무 멀리 떨어져 있어서 서로 아무 상관이 없는 것처럼 보인다. 하지만 햄버거를 소비하는 일은 아마존의 열대우림을 불태우는 일과 밀접하게 연관되어 있다. 햄버거 하나를 먹을 때마다 아마존이 눈물을 흘린다는 말은 더 이상 은유적인 표현이 아니다.

햄버거 한 개를 먹는 행위는 자연과 어떻게 공존할 것인지를 결정하는 윤리적인 선택의 문제가 된다. 인간은 자신이 선택한 행위의 총합이라는 말이 있다. 거대한 세계화의 구조에서 일상적인 소비행위는 궁극적으로는 거대한 경제구조의 일부로 수렴된다. 사람은 구조의 일부분이지만, 동시에 구조를 만들어가는 주체이기도 하다. 햄버거 하나에 함축되어 있는 구조를 통찰하고, 육식문화의 구조를 바꾸어 나갈 수 있는 윤리적 선택을 해야 한다.

chapter 4

지도 밖으로 나가기

지도 밖으로 나가기

STEP 1. 어떻게 책(글)을 읽을 것인가

책(글)읽기의 열정

"아침에 눈을 떴을 때 책상 위에 읽어야 할 책이 쌓여 있는 것은 얼마나 행복한 일인가"라고 어느 철학자는 말했다. 책이 쌓여 있는 만큼 새로운 세계를 만날 기회가 있다는 것이고, 또 그만큼 자신을 발견하고 성장시킬 수 있는 가능성이 많다는 말일 것이다. 그래서 쌓여 있는 책은 항상 가슴을 뛰게 한다.

"아는 만큼 보인다"라는 말이 있는데, 여기서 '보인다'는 말은 이해하고 감상하며 판단할 수 있다는 뜻으로 해석해도 좋을 것이다. 오감을 이용해보고, 만져보고, 듣고, 맛보고, 냄새 맡아서 알수 있는 세상이 물론 있다. 하지만 대상을 깊이 이해하고 감상하고 판단하기 위해서는 또 다른 노력이 필요하다. '봄이 되었군', '꽃이 피었군'이라는 말은 누구나 할 수 있지만, "봄이 되어 메마른 가지를 뚫고 피어나는 꽃은 참 아름답다"는 반응은 대상을 깊이 관찰하고 공감한 이후에야 할 수 나올 수 있다. 여기서 한 발 더 나아가 "메마른 가지를 뚫고 끝끝내 피어나는 것이 꽃뿐만이 아니고, 부지런히 땀 흘리며 살아가는 우리 이웃들이기도 하다"는 것은 좀

더 많은 생각을 한 후에야 얻을 수 있다. 여기까지 생각을 밀고 나
간다면, "인간의 아름다움은 소유물이나 외모가 아니라, 주어진
운명에 맞서 자기만의 꽃을 피우는 힘에 있다"는 성찰에까지 도달
할 수 있을 것이다.

　단편적인 느낌을 풍부한 감성으로 또는 균형 잡힌 지식으로 확
대시켜주는 것이 책이다. 봄에 피어나는 꽃을 보면서, 미국의 시인
인 T. S. 엘리엇의 『황무지』라는 시집이나 슈바이처의 『자서전』,
『전태일 평전』 또는 법정의 『무소유』 같은 책을 함께 읽는다면, 꽃
향기를 따라서 풍요로운 삶의 길이 열리는 것을 경험할 수 있을 것이
다. 책이라는 흥미로운 친구를 사랑하자. 책이 숨 쉬는 소리, 책
이 나에게 말을 걸어오는 소리에 귀를 기울이자. 책상 위에 그득히
쌓여 있는 책은 우리를 분명히 더 행복하게 한다.

읽기 - 쓰기의 파트너십

　아는 만큼 보인다는 말을 '읽는 만큼 쓸 수 있다'로 바꾸어 보고
싶다. '읽는 것 - 생각하는 것 - 쓰는 것'은 뗄레야 뗄 수 없는 파트
너다. 무엇인가를 읽지 않고서는 자신의 생각을 새롭게 펼치기가
어렵기에 창의적으로 글을 쓰는 것도 불가능하다. 그래서 읽기는
쓰기의 출발점이며, 에너지원이기도 하다.

　필자가 대학에 들어가서 처음 받은 글쓰기 과제가 "인간이란 누
구인가"에 대한 에세이였다. 교양철학 수업의 과제였는데 지금 생
각해도 참 막막한 주제다. 어떻게 손을 대서 시작해야 할지 도무지
알 수가 없었다. 나의 지식이나 경험에서 아무리 머리를 굴려도 쓸
내용이 떠오르지 않았다. 어쩌다 "죽느냐 사느냐 그것이 문제로
다"라는 햄릿의 대사가 생각나서, 인간은 삶과 죽음 사이에서 영

원히 고민하는 존재라고 쓰고 싶었는데, 딱 거기까지였다. 어렸을 때 짤막한 동화로 만난 햄릿이 그 이상의 도움을 줄 리가 없었다. 그래서 도서관에서 가서 『햄릿』을 빌렸다. 대학에서 빌린 최초의 책이었다. 원문을 살려 희곡의 대사체로 번역되어 있는, 너덜거리고 낡아빠진 표지의 햄릿을 그렇게 만났다.

그런데 매료되었다. 눈앞에서 인물들이 살아나 한 마디 한 마디 자기를 주장하는 것 같았다. 인생이라는 극장에서 펼쳐지는 명배우의 연기를 보는 기분이었다. 햄릿의 저 유명한 대사는 이렇게 이어져 나갔다.

"죽느냐 사느냐 그것이 문제로다. 어느 것이 더 고귀한 것인가. 가혹한 운명의 돌팔매와 화살을 맞아도 참고 견딜 것인가, 아니면 무기를 들고 고난의 바다에 대항하면서 끝까지 싸울 것인가? ……누가 시간의 채찍과 비웃음, 압제자의 횡포, 권력자들의 오만불손, 버림받은 사랑의 고통, 지연되는 재판, 관리들의 무례함, 비열한 자들에게 당하는 발길질을 견딜 것인가?" 햄릿의 기나긴 대사를 읽으면서 소설 속의 덴마크 왕자가, 셰익스피어가, 그리고 현재의 내가 '인간'이라는 큰 공통집합 속에서 함께 숨 쉬고 있다는 것을 느꼈다.

『햄릿』에 나오는 여러 인물들의 속내를 직접 듣고 보니 인간은 다들 부대끼면서도 자기 운명을 열심히 살아내는 존재라는 생각이 들었다. '인간이 고통받는 존재라는 것' 자체가 특별히 고통스러운 일은 아니었다. 고통은 인간을 생각하게 하고, 고통을 이기고 바르게 살도록 애쓰게 해주는 인간 존재의 조건이라는 것을 느꼈다. 이런 생각을 한 다음에야 에세이를 쓸 수 있었다.

읽기와 쓰기는 항상 이렇게 붙어다닌다. 실제로 한 장의 짧은 에세이를 쓰기 위해서는 최소한 100페이지 이상의 글을 읽어야 한다는 연구 결과도 있다. 읽으면 생각하게 되고, 생각하면 깊어지게 된다. 깊어질 때 비로소 쓸 수 있는 힘이 생긴다.

책의 지도 확인하기

유명한 독서가들은 모두들 책에 중독된 시절이 있었음을 고백한다. 시도 때도 없이 틈 날 때마다, 때로는 밥 먹는 것도 학교 가는 것도 잊고 읽었다는 것이다. 일년에 수백 권의 책을 독파했다는 부러운 이야기도 들린다. 중독은 때로는 이렇게 몰두할 수 있는 폭발적인 힘을 주기도 하지만, 이를 따라 하기는 힘들다. 바쁜 세상에서 따로 책을 읽는 시간을 내기도 어렵다. 그래서 늘 책을 끼고 다니면서 차를 기다릴 때도, 식당에서 줄을 서 있을 때도, 짬짬이 책을 읽는 습관을 들일 필요가 있다. 또한 한 권만 읽는 것이 아니고 여러 책을 한꺼번에 읽는 것도 다독의 비결이 된다. 한 달에 너댓 권의 책을 정해놓고, 이 책 저 책을 마음 내킬 때마다 돌아가면서 읽는 것도 좋은 방법이다.

그런데 책을 많이 읽는 일도 중요하지만 무엇보다 중요한 것은 잘 읽는 것이다. 어떻게 읽어야 책을 잘 읽었다고 할 수 있을까? 맨 처음 책을 볼 때 일단 눈을 잡아끄는 것이 제목이다. 제목과 표지를 확인하고 그 다음에 바로 시작 페이지로 가서 첫줄부터 줄을 그으며 성실하게 정독을 하면 잘 읽은 것일까? 그것은 마치 지도도 보지 않고 미지의 험준한 산행을 시작하는 것처럼 무모한 일이다. 길을 확인해야 먼 길을 계획적으로 무사히 갈 수 있는 것처럼 책을 읽을 때도 먼저 그 책의 지도를 확인해야 한다.

책의 지도란 바로 목차와 머리말을 가리킨다. 목차는 책 전체의 스토리를 보여주고, 각 부분의 핵심어가 무엇인지를 제시해준다. 머리말은 목차를 조금 더 친절하게 풀어쓴 것이라고 할 수 있는데, 무엇에 대한 책인지, 그리고 책을 쓴 목표가 무엇인지를 말해준다. 또한 특별히 주목해 보아야 할 지점도 알려준다. 머리말에는 책을 쓴 사람의 개성적인 목소리가 깃들여 있기에 어떤 책은 이미 머리말에서 매혹당하는 경우도 있다. 목차와 머리말을 보면서 책 전체를 먼저 상상하고 특히 어디가 흥미로울까를 생각해보는 것이 필요하다. 목차를 보고 전체를 볼 필요가 없다고 생각되면 목차에서 흥미로운 부분만 선택하여 발췌하여 읽는 것도 좋다.

책을 읽으며 특별히 기억하고 싶을 부분이나 잘 이해가 안 되는 부분, 또는 자신의 생각과 많이 다른 부분은 표시해두는 것이 좋다. 줄을 그어도 되고, 간지를 끼워서 표시를 해도 된다. 가장 좋은 방법은 노트에 메모를 하는 것이지만, 처음부터 메모하는 데 집중하면 읽는 속도가 붙지 않아서 금방 지치게 된다. 책을 읽어나가면서 중간 중간 목차로 다시 돌아가 볼 필요가 있다. 지금 읽고 있는 부분이 전체 중에서 어디쯤인지를 확인하기 위해서다. 지도의 어디쯤 와있는지를 확인하고 앞뒤의 내용을 비교해서 생각해보면, 체계적으로 이해하기가 쉽다. 마지막 페이지를 읽을 때까지 목차라는 지도를 계속 참고해야 한다.

책에서 꼭 얻어야 할 것

어떤 책을 '읽었다'는 것은 무슨 의미일까? 일단 책의 큰 줄거리를 이해했다는 것이고, 책에서 특별한 지식을 얻었다는 말이기도 하며, 그 책을 좋아하거나 싫어하게 되었다는 말이기도 하다. 책을 읽는 일은 책(또는 저자)과 만나서 인연을 맺는 일이다. 때로는 평생 잊지 못할 인연이 되기도 하기에, 만남에서 꼭 얻어내어야 할 것이 있다. 첫째 저자가 말하고자 하는 것이 무엇이며, 둘째 어떤 점이 새로운지, 그리고 셋째로 나의 느낌과 평가는 어떠한지, 세 가지 질문에 대한 답을 찾아야 한다.

첫 번째 질문은 책의 내용을 이해했는가를 묻고 있다. 저자가 말하고자 하는 것을 한 줄로 줄일 수도 있고, 길게 노트로 작성할 수도 있다. 방대한 책에서는 다루는 내용이 많다. 시공을 초월한 다양한 예들이 줄줄이 나와서 저자의 호흡을 좀처럼 따라가기 힘든 경우도 많다. 특히 외국 책을 번역한 경우에 한국어를 읽고 있지만 문장 자체가 너무 난삽해서 무슨 말을 하는지 알기가 어렵다. 이럴 때는 특정한 구절이나 일부분에 집착하지 말고, 큰 줄거리에 집중을 해야 한다. 전체의 줄거리를 파악하기 위해서 필요한 것은 핵심어와 핵심 부분을 찾아내는 것이다. 가장 중요하게 다루고 있는 개념이 무엇인지, 그리고 다양한 예시들을 통해 말하고자 하는 바가 무엇인지를 찾아내서 자기의 문장으로 정리해보아야 한다. 각 장별로 이렇게 간략하게 정리해보고 책의 제목이나 목차와 다시 비교해서 살펴보면 전체 내용이 하나의 줄거리로 이해될 수 있을 것이다.

두 번째 질문은 책의 새로움을 묻고 있는데, 이것은 책의 특성과 의의를 진단해 보는 일이다. 저자는 분명히 기존의 책들과 다른 이야기를 하고 싶었기 때문에 집필했을 것이다. 그 다른 점을 찾아야 책의 고유한 가치를 발견할 수 있다. 새로운 지식을 체계적으로 정리해놓을 수도 있고, 남들이 아직 관심을 두지 않는 대상을 처음으로 중요하게 다루어 줄 수도 있다. 또한 같은 문제라도, 기존의 관점과는 전혀 다른 시각에서 조명할 수도 있다. 무엇이 다른지, 그 다른 점이 어떤 의의가 있는지를 찾아보아야 한다. 책마다 독특한 목소리가 있다. 예를 들어 문학작품들은 다들 사람이 살아가는 문제를 이야기하는데, 각 작품마다 이런 삶도 있다면서 새로운 인간을 보여준다. 새로운 인간을 만날 때마다 인간에 대한 이해는 깊어지고 넓어질 수 있다. 그 책만이 갖고 있는 새로운 목소리를 찾아내야, 비로소 새로운 인연을 만난 것이 된다.

세 번째 질문은 읽는 사람에게 향해 있다. 만남은 상호작용이기 때문에 책의 내용 자체도 중요하지만 "나는 그것을 어떻게 읽었는가"가 중요하다. 책에 대한 나의 생각이 없다면, 나는 책을 그저 읽었을 뿐이지, 아무런 인연도 맺지 못한 셈이 된다.

느낌은 주관적인 감정의 움직임이다. 힘들었다든지 가슴이 벅찼다든지 머리가 아팠다든지, 반항심이 생겼다든지, 책을 읽고 받은 인상이 있을 것이다. "온몸에서 기운이 빠진다. 도망갈 곳 없는 감옥에 갇혀 있는 것 같다. 빠져나갈 수 있을까?" 대학에 와서 사회의 구조적 차원의 문제를 다룬 책을 읽으면 이런 반응을 하게 된다. 책을 읽을 때마다 상처받는 경우가 많다. 세계의 어둠과 비극을 엿보았기 때문이다. 하지만 그 답답함, 두려움, 절망도 다 소중한 것이다. 그런 감정에서부터 비로소 지성에 대한 강렬한 열망이 자라날 수 있기 때문이다.

주관적으로 느껴보는 것을 넘어, 책을 평가해 볼 필요가 있다. 평가는 객관적인 근거를 들어서 분석하고 종합을 해보는 비판적 사고활동이다. "이러저러한 점에서 의의가 있지만, 이것은 말이 안 되는 것 같다", "이 부분은 이런 이유에서 매우 탁월하다", "이러한 점에서 새로운 발상을 불러온다" 등의 평가를 시도해 볼 수 있다.

책에서 유난히 마음에 남는 부분, 꼭 기억하고 싶거나 통째로 외워버리고 싶은 부분을 만나는 것은 큰 행운이다. 때로는 너무 아름다워서, 때로는 충격적일 만큼 예리하고 명료해서, 때로는 나의 생각과 너무 달라서 기억에 남을 수 있다. 그런 인상적인 대목을 만나면 본문을 그대로 메모해두자.

역사학 쪽의 고전인 E. H. 카의 『역사란 무엇인가』를 읽었다면, 아마 이런 메모를 해볼 수도 있을 것이다.

E. H. Carr, 김택현 옮김, 『역사란 무엇인가』(까치글방, 2007).

＊어떤 산이 보는 각도를 달리할 때마다 다른 형상으로 보인다고 해서, 그 산은 객관적으로 형상을 가지고 있지 않다거나 무한한 형상을 가진다고 할 수는 없다. 현존하는 어떤 해석도 객관적이지 않다고 해서, 원칙적으로 객관적인 해석을 내릴 수 없다고는 말할 수 없다. (46쪽)

＊역사란 역사가와 그의 사실들의 지속적인 상호작용의 과정, 현재와 과거의 끊임없는 대화다. (50쪽)

NOTE; 역사를 죽은 화석이 아니라, 현재와의 대화를 통해 항상 새롭게 재구축되는 것이라고 한 점이 재미있다. 그런데 과거는 정말로 그 대화에 참여할 수 있을까? 역사가는 혹시 자신의 분신과 대화하는 것이 아닌가. 산을 보는 상대적 관점이 중요하기는 하지만, 산이라는 보편적 형태 또한 인정해야 한다는 지적은 탁월하다. 하지만 정말 역사라는 산을 그려낼 수 있을까? 한 번도 실제로 본 적이 없는데 그것이 가능할까?

— 2010. 3. 30. 산수유 피는 1학년 봄.

마음속에 남기고 싶은 부분을 기록하고 자신의 생각까지 짤막하게 덧붙였다. 책과의 소중한 인연을 오래 기억할 수 있게 되었다. 제목, 저자, 출판사, 마음속의 한 줄과 촌평 등을 읽을 때마다 남기면 그것만으로 훌륭한 독서노트가 만들어진다.

독서노트는 자신과 감수성과 지성이 성장해간 역사의 기록이다. 노트가 두툼해질수록 삶이 더 풍요로워진다. 노트에 담긴 한 줄 한 줄은 삶의 가치를 통찰하며 자기 나름의 건강하고 행복한 삶을 향유하는 자유로운 정신을 길러준다. 그래서 어떤 상황에서도 함부로 타협하거나 절망하지 않고 자존을 지킬 수 있는 힘을 키워준다. 읽는 것은 생각하는 것이다. 이것은 나를 성찰하고 나를 표현하는 바탕이 된다.

STEP 2. 대학생의 학술적 에세이 쓰기

대학 글쓰기의 두 방향

대학에서는 공부의 성과를 글로 써서 제출해야 하는 경우가 많다. 대학 글쓰기는 자료의 수집과 정리를 하는 것을 목적으로 하는 경우와 비판적이고 창조적인 사고활동을 목적으로 하는 것으로 크게 나누어볼 수 있다.

자료 정리와 요약 보고서

첫 번째 유형은 어떤 주제에 대한 자료를 수집해서 정리하고 해석하는 것이라든지, 실험 데이터를 정리하는 보고서를 쓰는 것이다. 가장 대표적인 것은 주어진 자료를 요약하고 발췌하는 글쓰기다. 요약은 전체의 내용을 균형 있게 압축하는 것이고, 발췌는 중요한 부분을 뽑아서 정리하는 것이다. 요약이 큰 원을 작은 원으로 비례적으로 축소시키는 일에 비유할 수 있다면, 발췌는 원에서 가장 핵심적인 어떤 부분을 뽑아서 변형된 원을 만드는 것이라고 할 수 있다.

이때 중요한 것은 자료를 꼼꼼하게 검토하여 전체의 틀을 정확히 이해하고 핵심요소를 파악해야 한다는 점이다. 그리고 전달하기 쉽게 체계적으로 내용을 정리해야 한다. 요약문이나 발췌문의 경우, 전체를 하나의 통글로 쓸 수도 있고, 자료에 근거해서 소제목을 붙여 각 부분별로 전개할 수도 있다. 유념할 것은 자료의 일부를 그대로 가져다 붙이면 안 된다는 것이다. 물론 중요한 부분은 직접 인용하고, 중요한 개념어들은 꼭 제시해주어야 하지만, 문장이나 문단을 그대로 가지고와서 짜깁기하면 자신의 글이라고 할 수도 없을 뿐더러 이해하기도 어렵다. 자료를 정리하고 요약하는 일은 책을 정독하고, 간결하고도 정확하게 쓰는 능력을 필요로 하는 작업이다.

학술적 에세이

서평 쓰기, 비평문 쓰기, 논문 쓰기 등이 두 번째 유형에 속한다. 첫 번째 유형에 비하여 창조적인 발상과 비판능력, 그리고 논리력이 좀 더 요구된다. 어떤 사회문제나 다양한 문화 텍스트에 대해서 평하는 것을 비평문이라 하는데, 여기에는 문화비평, 시론, 칼럼, 논문 등이 두루 속한다. 책을 비평하는 서평도 크게는 여기에 속하지만, 대학 공부가 수많은 책을 읽어나가며 지식을 확장해가는 과정인 만큼, 대학 글쓰기에서는 비평과 서평을 따로 다루어도 좋을 것이다. 논문이란 기말과제나 졸업자격을 위해 쓰는 비교적 긴 글이다. 자기의 관점에서 자료를 분석하고, 근거를 통해 결론에 이르는 논리적인 글로 대학이라는 학문공간 안에서 소통되는 특별한 형식의 글이다.

이 유형을 총칭하여 학술적 에세이라고 부를 수 있다. 에세이는 일반적으로 자기의 관점에서 자유롭게 쓴 글을 가리키는데, 학술적 에세이는 여기에 독창적인 문제의식과 논리적인 구성을 더 요구하는 글이다. 이것은 대학생의 지적인 호기심과 탐구심을 발휘할 수 있는 글로, 대학 공부를 해나가는 데 있어서 필수불가결한 동반자다.

나만의 요리 비법

학술적 에세이 쓰기에서 중요한 것은 무엇일까? 감을 잡기 위해서 요리를 예로 들어 생각해보자. 학술적 에세이를 쓰는 일은 요리를 하는 것과 비슷하다. 요리사는 신선한 재료로 맛있고 영양이 풍부한 요리를 해야 한다. 더 욕심을 내서 정말 창의적인 요리사라면 누구나 만들 수 있고 어디에 가도 먹을 수 있는 요리가 아니라, 자기만의 재료, 자기만의 발상, 자기만의 손맛을 살린 요리를 꿈꾸어야 한다. 김치의 명인이 되고 싶다면 다음의 세 가지에 주목해야한다.

새로운 재료를 찾아라

김치는 흔히 배추나 무로 담그는 것이지만, 김치의 재료라고 생각되지 않는 브로콜리나 미역 등을 이용해서도 김치를 담가 볼 수 있다. 부추나 파 같은 부재료 대신에 열대과일이나 견과류를 첨가해볼 수도 있다. 재료가 새로우면 새로운 맛이 만들어진다. 독창적인 재료선택이 독창적인 요리를 만들 수 있는 하나의 방법이다.

새로운 발상이 필요하다

김치는 저장식품이며 가장 기본적인 반찬이다. 그런데 김치는 꼭 반찬이어야 하는가? 김치는 간식이 될 수 없을까? 김치는 식사 대용이 될 수 없을까? 이처럼 김치에 대한 패러다임 자체를 전환하는 질문을 던져볼 수 있다. 김치가 간식이 되려면 짜고 매운 맛을 대폭 줄여야 할 것이다. 강한 냄새와 물기를 줄여 어디서나 먹을 수 있게 간소화시켜야 할 것이다. 김치 스낵이나 김치 햄버거는 새로운 시각에서 등장한 요리다.

나만의 손맛을 개발하라

자기만의 손맛이란 김치맛을 새롭게 바꾸어보는 것을 의미한다. 즉 같은 배추김치를 담그더라도 그 과정에서 새로운 시도를 해보는 것이다. 발효시간을 늘려본다든가, 소금을 바꾸어본다든가, 단맛을 강화시켜보는 식으로 김치를 담그는 과정을 새롭게 해석해서 적용해본다. 남들과 다르게 자기가 강조하고 싶은 맛을 더 강화시키면 자기 손맛이 살아있는 김치를 만들 수 있다.

이렇게 보니 요리와 에세이 쓰기가 매우 닮았다. 서평, 비평, 논문과 같은 학술적 에세이를 쓸 때도, 어떤 자료를 선택하여야 할지(재료의 새로움), 어떤 방법으로 자료에 접근할지(발상의 새로움), 어떻게 자료를 해석할지(손맛)를 생각해야 한다. 즉 학술적 에세이의 핵심은 어떤 식으로든지 남과는 다른 자기의 관점이 있어야 한다는 것이다. 여기에서는 서평과 논문을 쓰는 방법을 구체적으로 살펴보기로 한다.

서평 쓰기의 방법

서평이란

서평은 요약문이나 독후감과 어떻게 다를까? 요약은 그야말로 책의 내용을 간략하게 줄여서 정리해놓은 것이다. 자신의 감정이나 생각이 들어갈 수 없다. 독후감(讀後感)은 말 그대로 '책을 읽은 후의 감상'을 쓴 글이다. 글쓴이의 주관적인 감정이 주가 되는 글이라는 뜻이다. 그에 비하면 서평(書評)은 책을 비평하는 글이기에 의미를 잘 따져보고 진단해보는 과정을 필요로 한다. 물론 독후감에도 분석과 평가가 들어갈 수 있지만, 서평은 이것이 선택이 아니라 필수라는 것에 차이가 있다.

서평을 위한 질문

서평을 쓰려면 우선 필요한 것이 책을 정독하는 일이다. 책을 한 번 읽고 평을 쓴다는 것은 불가능하다. 전체를 통독하면서 중요하다고 생각되는 부분을 체크하고 다시 중요한 부분들을 중심으로 여러 번 정독하면서 저자가 하고자 하는 말을 정확하게 파악해야 한다. 책의 내용이 전부 파악되었다면 서평을 쓰기 위해서 다음과 같은 질문에 메모를 해보자. 메모한 내용을 바탕으로 서평의 모양을 구상하면서 더 확장해서 심화시켜야 할 질문이 무엇인지, 또는 빼도 좋을 질문은 무엇인지도 생각해보자.

① 저자는 어떤 문제를 해결하기 위해서 이 책을 썼는가?

② 어떤 근거를 들어 무슨 주장을 하고 있는가?

③ 기존의 책들(기존의 주장)과 어떻게 다른가?

④ 가장 공감을 했던 부분은 어디이며 그 이유는 무엇인가

⑤ 동의할 수 없었던 부분은 어디이며 그 이유는 무엇인가?

⑥ 오늘의 현실과 연결되는가? 현재의 우리에게 어떤 의의를 주는가?

⑦ 구성이나 문체는 어떤 특성이 있는가?

⑧ 저자의 개인적인 삶이 책의 내용과 연관되는가?

⑨ 꼭 기억하고 싶은 부분은 어디인가?

서평의 구성

일반적으로 서평은 "① 책 소개 → ② 책의 주요 내용과 그 의미 → ③ 읽은 사람의 생각과 평가"의 세 단계로 구성해볼 수 있다. 구성 자체로는 독후감과 크게 차이가 없어 보이지만, 서평은 단순히 내용을 정리하고 주관적 느낌을 서술하는 데에서 한 발 나아가야 한다. 책이란 어떤 요리사가 마음먹고 차려낸 멋진 식탁과 같다. 어떤 남다른 재료를 사용하고 있는지, 어떤 점에서 발상이 새롭고, 어떤 독특한 손맛이 있었는지를 생각해보고 평가하는 데 초점을 두면서 세 단계의 내용을 구성해야 한다.

① 책 소개 단계

책에 관련된 기본적인 정보를 제시하고 주요한 문제의식을 소

개하면서 책을 이해하는 데 필요한 사전지식을 제공한다. 무엇에 대한 책인지(요리의 재료), 어떤 문제의식에서 출발하고 있는지 (새로운 발상)를 중심으로 서술할 수 있다.

    * 들어갈 수 있는 항목들
        작가 소개
        책이 나온 역사적 · 사회적 배경
        저자의 주요한 문제의식
        책에 대한 일반적인 평가

② 주요 내용과 그 의미

    저자 스스로가 던진 문제에 대해서 어떤 답을 내고 있는지, 그 핵심적인 내용을 정리해 본다. 또한 그 내용의 의미를 따져본다. 즉, 이 책은 도대체 어떤 요리였는지? 특정한 대상(재료)을 어떻게 요리하여(새로운 발상) 어떤 맛(자기만의 손맛)을 내고 있는지를 구체적으로 서술하면 된다.

    * 들어갈 수 있는 항목들
        줄거리 요약
        주요 개념어 정리
        저자의 문제의식과 그 의미
        저자의 주요 주장과 그 의미

③ 생각과 평가

책을 평한다는 것은 긍정적이고 부정적인 면을 포함하여 종합적으로 책의 의의를 진단해 보는 일이다. 탁월하다고 생각되는 점은 칭찬을 해주고, 동의할 수 없는 점에 대해서는 질문을 던질 수도 있다. 이 단계에서는 저자의 문제의식과 주장에 대해서 어떻게 생각했는지, 이 책이 어떤 의의가 있다고 생각하는지를 중심으로 서술하면 된다. 즉 재료와 요리법이 어우러져 얼마나 멋진 요리가 되었는지를 평가해보고, 그 손맛이 어떻게 인상적이었고, 어떤 점이 아쉬웠는지 자기 생각을 밝히는 부분이다.

* 들어갈 수 있는 항목들
> 문제의식과 주장에 대한 평가
> 특히 주목해야 할 부분과 그 의의
> 질문하고 싶은 것, 또는 한계라고 생각되는 점
> 기억에 남는 부분
> 오늘날의 사회와 문화에 던져주는 의미

유의할 사항

모든 비평문에서 중요한 것은 대상이 되는 텍스트를 깊이 이해해야 한다는 점이다. 서평의 경우에는 책을 정확하게 파악해야만, 정리도 할 수 있고 평가도 할 수 있다. 요리를 음미하지 않고 그 맛을 이야기할 수는 없다. 저자의 고민과 주장을 충실하게 따라가면서 자신의 주장을 펼쳐야 한다.

서평을 쓰는 과정에서 특히 주의해야 할 점은 책을 쓴 사람의 견해와 자신의 견해가 뒤섞이지 않도록 해야 한다. 사실과 의견이 뒤섞이면, 책의 내용도 왜곡될 수 있고, 결과적으로는 남의 말을 자신의 말인양 하는 셈이 되어버린다. 무엇이 책의 내용이고 무엇이자기 생각인지가 서술에서도 잘 드러나야만 신뢰할 만한 서평이될 수 있다.

서평은 논리적인 글이다. 어떻게 구성을 해야 책의 내용을 명료하게 전달하면서도 조리있게 책을 비평할 수 있을지를 생각해야한다. 책을 평가할 때는 단편적인 인상이나 느낌만을 피력하지 말고, 가능한 한 논리적 근거를 제시하여 자기의 관점을 정확하게 드러낼 수 있어야 한다.

논문 쓰기의 방법

논문이란

논문은 자신의 관점으로 자료를 분석하고 그 결과를 바탕으로주장을 하는 글로 학술적 에세이의 꽃이라 할 수 있다. 서평이나비평에 비하여 분량도 많고 형식도 복잡하며, 일관된 논리가 특별히 더 요구된다. 또한 논문은 독창성이 있어야 한다. 무엇인가 새로운 이야기가 있어야만 논문으로서의 생명력이 있다. 논문은 기발한 아이디어를 내세워 단시간에 쉽게 쓸 수 있는 글이 아니지만,대학 글쓰기 공부의 최종 단계에서 꼭 한번 도전해볼 만한 가치가있는 종합적인 글쓰기다.

논문은 그냥 맛있는 요리가 아니라 세상에 하나밖에 없는 오리지널 요리다. 재료가 독창적이든지, 발상이 독창적이든지, 아니면조리방법이 독창적이든지, 어떤 식으로든지 기존의 글들과 다른

'새로움'이 있어야만 결과가 다른 독창적인 요리가 만들어진다.

논문을 위한 질문과 메모

논문을 쓰기 위해서 먼저 해야 할 일은 자신의 시도가 과연 독창적일 수 있는지를 조사해보는 것이다. 오리지널 김치를 개발하려면, 시중에 어떤 김치가 나와 있는지를 두루 조사하고, 유명한 김치를 하나씩 시식하면서 자기 김치맛을 차별화해야 한다. 새로운 김치라고 개발을 했는데, 누군가가 이미 만들어낸 것이었다면 노력이 허사로 돌아가고 만다.

자신의 관점과 관련된 글들을 검토하면서 남들은 어떤 자료를 어떤 방식으로 어떻게 해석하고 있는지를 검토해보아야 한다. 그리고 그 과정에서 자신은 과연 어떤 면에서 새로움을 확보할 수 있을지를 생각해야 한다.

① 논문을 쓰는 목적이 무엇인가?

② 어떤 문제를 다룰 것이며, 이것은 왜 중요한가?

③ 주어진 시간과 분량을 고려할때, 해결가능한 주제인가?

④ 관련된 글들은 무엇이 있는가?

⑤ 무슨 자료를 분석할 것인가?

⑥ 예상되는 주장과 그 근거는 무엇일까?

⑦ 어떤 새로움을 확보할 수 있는가?

⑧ 목차를 구체적으로 구성했는가?

논문의 구성

논문은 기본적으로 '서론 → 본론 → 결론'의 세 단계로 구성되는데, 내용에 따라 본론이 몇 개의 장으로 나누어질 수 있으며, 분량이 많다면 서론이나 결론도 작은 항목으로 나누어 구성할 수 있다. 학술적 글쓰기 중에서 전체를 통괄하는 논리가 가장 요구되는 글인 만큼 글을 쓰기 전에 목차를 짜는 과정이 꼭 필요하다.

① 서론

서론은 논문의 연구대상과 문제의식을 밝히고, 기존의 연구 성과를 검토하여 글이 어떻게 전개될지 그 방향을 제시하는 부분이다.

＊서론에 들어가야 할 내용

이 연구의 관점은 무엇이며 왜 중요한가? (문제의식)

무엇을 대상으로 분석할 것인가? (연구 대상 · 자료)

연관된 연구는 무엇이 있는가? (연구사 검토)

어떤 방향으로 분석해나갈 것인가? (글의 방향)

② 본론

본론은 본격적으로 연구대상을 분석하는 과정이다. 각각의 목차를 따라서 자료를 검토하고 주장을 도출해야 한다. 이때 주장의 근거를 만들어내는 것이 가장 중요한 일이다. 본론이 두 개의 장으로 구성되었으면 크게 두 개의 주장을 하고, 세 개의 장이라면 세 개의 주장을 이끌어내며 각각의 근거를 제시하면 된다.

* 본론에 들어가야 할 내용

  각 장별로 연구대상(자료)을 분석한 내용은 무엇인가?

  분석한 결과(근거)를 바탕으로 주장할 것은 무엇인가?

③ 결론

  결론은 논문을 쓰면서 알게 된 것을 정리하는 부분이다. 지금
까지의 연구내용을 요약하며 전체의 주장을 종합해보고 특별히
강조하고 싶은 점을 부각시키면 된다. 또한 자기 논문이 어떤 점
에서 새로운지 그 독창성과 의의를 평가한다. 논문에서 미흡한
점이나 앞으로 더 공부해야 할 과제를 제시할 수도 있다

  * 결론에 들어가야 할 내용

    본론에서 분석한 내용의 요약

    논문을 통해 밝혀낸 것 또는 주장하고 싶은 것의 강조

    논문의 의의 평가

    논문의 한계 지적

유의사항

  논문은 논리적이고 객관적으로 서술을 해야 한다. 주장을 할 때
는 반드시 근거를 제시해야 하는데, 근거는 자신의 사적인 경험이
나 주관적 느낌이 아니라 연구대상으로 삼은 자료에서 객관적으로
제시해야 한다.

  문체의 측면에서도 주의가 필요하다. 주어를 쓸 때는 '우리는'
'나는', '내 경우에는' 같은 1인칭 주어보다는 '이 논문에서는',

'이 글에서는'의 객관적 주어를 사용하는 것이 좋다. 서술어의 경우에도 '느낀다', '떠오른다', '분노한다' 등의 주관적인 용어보다는 '고찰하다' '분석하다', '검토하다', '연구하다' 등과 같은 말을 쓰는 것이 좋다.

논문을 쓸 때는 남의 글을 많이 참고하고 인용해야 하는데, 표절시비에 휘말리지 않기 위해서는 반드시 각주를 달아서 인용문의 출처를 밝혀야 한다. 논문의 맨 마지막에는 그동안 참고했던 자료들을 정리하여 참고문헌을 제시해주어야 글에 대한 신뢰도를 높일 수 있다.

논문의 제목은 글의 내용이 명료하게 드러날 수 있도록 해야 한다. 화제나 주제가 잘 드러날 수 있어야 하며 비유적인 제목은 피해야 한다. "사투리는 창피한 것이 아닙니다"보다는 "사투리의 문화적 잠재력에 관한 연구"가 훨씬 논문 제목으로 적합하다.